“文化广西”丛书编委会

总策划 范晓莉

主　任 利来友

副主任 张艺兵

成　员 黄轩庄　韦鸿学　石朝雄　刘迪才

石立民　卢培钊　陈　明　黄　俭

文化广西

遗存

广西石刻

莫道才 等 编著

广西师范大学出版社
GUANGXI NORMAL UNIVERSITY PRESS

·桂林·

图书在版编目（CIP）数据

广西石刻 / 莫道才等编著 . -- 桂林 : 广西师范大学出版社 , 2021.6
（文化广西）
ISBN 978-7-5495-9242-5

Ⅰ . ①广… Ⅱ . ①莫… Ⅲ . ①石刻－研究－广西－古代 Ⅳ . ① K877.404

中国版本图书馆 CIP 数据核字（2021）第 081390 号

出 版 人　黄轩庄　　责任编辑　廖佳平
出版统筹　郭玉婷　　助理编辑　成　能
设计统筹　姚明聚　　责任印制　王增元　伍先林
印制统筹　罗梦来　　书籍设计　姚明聚　徐俊霞　刘瑞锋
　　　　　　　　　　　　　　　唐　峰　魏立轩

出　　版　广西师范大学出版社
　　　　　广西桂林市五里店路 9 号　邮政编码　541004
网　　址　http://www.bbtpress.com
发行电话　0773-2802178
印　　装　广西壮族自治区地质印刷厂
开　　本　1230mm × 880mm　1/32
印　　张　6.5
字　　数　130 千字
版　　次　2021 年 6 月第 1 版　2021 年 6 月第 1 次印刷
书　　号　ISBN 978-7-5495-9242-5
定　　价　28.00 元

前言

文字起源于图画，最早的石刻岩画就是史前文明的遗存。远古时期的人们通过图画模糊地表达了朴素的思想，但是不可能表达复杂的思想，也很难有互动交流。后来出现的甲骨文，多是记载官方占卜的卜辞。早期起到书面文字交流作用的载体主要是竹简，也有昂贵的绢帛，但是更多的时候，绢帛用于宫廷贵族的官方文书，竹简才是当时较为大众化的书写工具。即使到了简帛书写时代，仍然面临书写材料长久保存的问题。汉代纸张发明以后，纸张逐渐普及成为大众书写载体，可以容纳更多的文字内容，方便携带到远方，但是在遭遇大火时也容易面临火烧损毁的危险，难以长久保存。

石刻，中国早期文字表达载体之一，分为摩崖和碑刻两大类，前者是直接在山体平面上磨平后刻石，后者利用开采的石料磨平后刻石，因为可以长久保存，所以历代都喜欢用石材来作为书写载体。汉代以后，重要公文也多用石刻保留。在边远地区村寨，民间也将民间公约、山场划界约定或重要事件刻石保留。纪事、宣示是石刻最主要的功能。后来庙宇、宫殿落成也用碑

刻记述建设经过等。之后，文人将诗歌文章刻石保存，增加拓宽了石刻的内容——不一定是完整的一首诗歌或一篇作品，很多风景胜地也有用一联、一句或一个词（两个字、四个字构成居多）作为榜书的，表达一种感受。

由于广西石灰岩资源丰富，分布广泛，石质坚硬，便于刻石，因此留下的石刻比较多，其中以桂林为最。桂林在古代一直是岭南的经济文化中心之一，这个区域历代的重大事件大都与桂林有关系。所以唐宋以后，桂林石刻兴起。尤其到宋代，北方来的文人很多，有“唐碑看西安，宋碑看桂林”之说。清人陈元龙说“看山如观画，游山如读史”，正说出了桂林乃至广西石刻的特点——以摩崖石刻为主。除了摩崖石刻，立在山间道路和庙宇间的各种碑刻，也在向人们述说历史的风云往事。

本书按照收录的石刻内容分为五部分。第一部分“历史的温度”，收录的石刻反映了广西历史的重要事件和记忆；第二部分“名人的印记”，收录的石刻反映了米芾、阮元等历史人物在广西的生活、交游情况；第三部分“往事与传说”，收录的石刻介绍了当地的民间传说、故事等；第四部分“圣贤与英雄”，收录的石刻反映了官方和民间力量对当地文化发展的推动和教化之功；第五部分“石头上的文学”，收录的均是石刻中的诗文，是文人唱和游览的雅兴抒写。

广西的石刻内容丰富多样，涉及的历史、文化名人众多，由于篇幅所限，本书不可能全部收录，只能选择影响大的、主要的、有故事的、有历史价值的，还要尽量照顾各个地域。虽然考虑了地区之间平衡性，但是挂一漏万，错漏遗珍在所难免。

本书整体文风力求通俗浅近，然而因为石刻本身有一定专业性，所以仍然有专业性描述以及专业术语。引文则尽可能在文中转译表述，随文注明出处。

此外，本书作者众多，行文风格有所差异，我们尽可能做到体例一致，并在每篇之后标注作者，以示负责。

最后，感谢各位作者！感谢提供图片的各文博单位！

目　录

历史的温度

遗留在粤西的唐代中原文风 2

——南宁上林唐代摩崖《大宅颂》《智城碑》

唐朝宰相钟绍京的身世之谜 10

——贺州钟山唐代苏颋《安乐县君神道碑》

元祐党争的见证 17

——桂林龙隐岩宋代摩崖《元祐党籍碑》

宋末抗元的往事 23

——河池宜州南宋摩崖黄应德《宜州铁城颂》

王守仁的怀柔方略 28

——百色平果明代摩崖王守仁《征抚思田功绩文》

被忽略的灵渠“陡军” 32

——桂林兴安严关《万古沾恩碑》

最早的石刻养生方 36

——桂林南溪山宋代摩崖吕渭刻《养气汤方》

名人的印记

独秀峰的由来 42

——桂林独秀峰摩崖梁章钜题“峨峨郛邑间”

舜帝是否到过桂林猜想 49
——桂林虞山唐代摩崖韩云卿《舜庙碑》

从柳宗元游迹衍生的柳州山水之旅 55
——柳州马鞍山宋代摩崖丘允《仙弈山新开游山路记》

青年米芾伏波山游踪 60
——桂林伏波山宋代摩崖潘景纯、米芾还珠洞题记

千年前的书法家石刻画像 64
——桂林伏波山宋代摩崖方信孺刊刻《米芾自画像记》

封疆大吏上山过生日 69
——桂林隐山清代摩崖阮元《隐山铭》

往事与传说

无缘识得真仙 76
——桂林南溪山宋代摩崖欧阳辟《唐少卿遇仙记》

双山之间梵音千年 80
——柳州马鞍山宋代摩崖王安中《新殿记》

桂林“升仙”第一人 85
——桂林南溪山宋代摩崖《天台张平叔真人歌赠桂林白龙洞刘道人》

七星岩的别名由来 90

——桂林七星岩宋代摩崖《尹穑仙迹记》

明代两广经略与对外交通 94

——梧州明代碑刻屠滽《重建吕仙亭记》

一座城与一口井的结缘 99

——梧州明代碑刻梅俊《重建冰井禅寺记》

残存的“桃源”印象 105

——柳州宋代摩崖赵师邈《三相亭诗》

圣贤与英雄

高山仰止，景行行止 112

——柳州宋代毛友摹《先圣先师像》碑

寻访文庙遗踪 116

——柳州元代碑刻《柳州路文宣王庙碑》

与明代《柳城县儒学碑阴记》

儒学在边地的传播 122

——横州宋代碑刻《夫子杏坛图》

逝去的烽烟 128

——横州明代碑刻蒋山卿《伏波将军庙碑》

王守仁的文化谋略 134

——南宁明代碑刻《敷文书院记》

先贤崇祀与清初教化 140

——梧州清代碑刻李之珎《合建双贤祠》

石头上的文学

唐人的唱和与雅兴 148

——桂林龙隐岩唐代摩崖《张濬刘崇龟杜鹃花唱和诗》

叠彩山风景的发现 154

——桂林叠彩山唐代摩崖元晦《叠彩山记》

岩泉孕灵秀，云烟纷崖壁 159

——桂林南溪山唐代摩崖李渤《南溪诗并序》

诗人与书法家的唱和 164

——桂林龙隐岩宋代摩崖米芾、程节唱和诗

“桂林山水甲天下”的定格 169

——桂林独秀峰南宋摩崖王正功《鹿鸣宴劝驾诗》

韩辞柳事诵千年 175

——柳州柳侯祠碑刻苏轼书《荔子碑》

遗落在边城的诗思 183

——钦州灵山摩崖陶弼《题三海岩》

从安南到中原的燕行使 188

——全州清代湘山寺安南使臣黄仲政题诗摩崖

后记 195

列女蔣氏掾西觀寺碑

邑[illegible]五[illegible][illegible]延四[illegible][illegible]鍾氏甲族其
宿[illegible]禪[illegible]生經百法論畢[illegible][illegible]國之[illegible]隨遊[illegible]如[illegible]意[illegible]
昆[illegible]其世至[illegible][illegible]越經護漢[illegible][illegible]帝[illegible]豪[illegible][illegible]書[illegible]文華帝自守忠
立[illegible]帝名不聞蔣氏[illegible]子有力硯死如[illegible][illegible]天中鄣許公奉勅撰也其載
封[illegible]君不齊宜乎帝曰欽哉蔣列女碑[illegible][illegible][illegible]余昔富川之二年始觀得
不[illegible]文華子幾之君許已經五代兵火之[illegible][illegible][illegible]青[illegible]知[illegible]帝又訪尋蔣氏
石幕二[illegible]與魏鄭公所撰隋書列女傳列[illegible][illegible]好事者口[illegible][illegible]已[illegible]乃[illegible]
且以勵夫為人母者[illegible]子忠孝事上之意[illegible][illegible]蔣氏女也父諱[illegible][illegible]字[illegible]由[illegible]
有[illegible]當[illegible]刻備蔣氏[illegible]曰鍾伏[illegible]母者臨賀[illegible][illegible]立城[illegible][illegible]由
太守素[illegible]隋開皇[illegible][illegible]勅号迦葉公[illegible][illegible]于觀東[illegible]及晉[illegible]
陳為伏[illegible]蔣[illegible]陳主以士[illegible][illegible][illegible]慮其返[illegible]安質[illegible]氏於都[illegible]及晉
[illegible]君義[illegible]之[illegible]蔣氏歸[illegible][illegible][illegible][illegible]會帝拜[illegible]平[illegible]西山[illegible][illegible]鎮寺觀
城遣同[illegible]鍾[illegible]年[illegible][illegible][illegible]蔣氏謂[illegible]在[illegible]都[illegible][illegible]年[illegible]
[illegible]鄣為得為[illegible][illegible][illegible][illegible]意[illegible]義吾當自殺於[illegible]子不聞[illegible]
子[illegible]今[illegible]之[illegible][illegible][illegible][illegible][illegible]武[illegible][illegible]建寺觀[illegible]戍[illegible]西[illegible]吉子[illegible]
掾[illegible][illegible][illegible]神[illegible][illegible][illegible]太[illegible]自[illegible][illegible][illegible]地[illegible][illegible]寺觀
永[illegible][illegible]吾[illegible][illegible][illegible]禍[illegible][illegible]子[illegible]不[illegible][illegible]為[illegible]新[illegible][illegible]開[illegible]
勅賜[illegible][illegible][illegible]四年[illegible]國公李靖[illegible][illegible][illegible]月[illegible]光暉明
神[illegible][illegible][illegible]千生[illegible][illegible]萬[illegible]禧忠心[illegible][illegible]輔[illegible][illegible][illegible]觀
四載[illegible]冠[illegible]侵[illegible]合劉[illegible]安果[illegible]時[illegible][illegible][illegible][illegible]
[illegible][illegible][illegible]今[illegible][illegible][illegible][illegible]圓[illegible][illegible]雖刻[illegible][illegible][illegible][illegible]
[illegible][illegible][illegible][illegible][illegible][illegible]道之神[illegible][illegible][illegible]

历史的温度

遗留在粤西的唐代中原文风

——南宁上林唐代摩崖《大宅颂》《智城碑》

从南宁往北 128 千米，风景秀丽的上林县有两块唐碑，《大宅颂》和《智城碑》，与《智城碑》共存的则有一座唐代古城遗址。

上林县位于广西壮族自治区中南部，全县多属岩溶地貌，山多为岩石构造，山势奇特，自然景观优美，人文景观资源丰富。明代著名旅行家徐霞客曾在该县的三里、洋渡等地旅游考察 53 天。他在《徐霞客游记》中对上林县的奇山秀水有详细的记载，并给予了很高的评价。上林县历史悠久，秦朝时即为桂林郡地。唐武德四年（621）置上林县，属南方州，此为“上林”名称由来。

《大宅颂》全称“澄州无虞县清泰乡都万里六合坚固大宅颂”，位于今上林县澄泰乡洋渡村石牛山（俗称剥庙山）山脚一岩洞中，刻于唐高宗永淳元年（682），澄州（今上林东）首领韦敬辨制。碑高 95 厘米，宽 64 厘米，碑文为楷书，共 17 行，每行字数不

南宁上林唐代摩崖《大宅颂》拓片（南宁市博物馆供图）

等，最多有 28 字，最少 1 字，总共 381 字。其中第 4 行到第 16 行为正文，由“序”“颂一首”“诗一篇”三部分组成。

《智城碑》全称“廖州大首领左玉钤卫金谷府长上左果毅都尉员外置上骑都尉检校廖州刺史韦敬辨智城碑”，位于今上林县覃排乡爱长村石俭屯后智城山脚一处岩厦石壁上，也是重要的唐代石刻。该碑刻于武则天大周万岁通天二年（697），碑高 164 厘米，宽 79 厘米。碑文也是楷书，共 24 行，1100 余字（据日本著名学者户崎哲彦的实地勘访，包括行末补刻文字在内，共 1108 字）。碑文行距、字距整齐有序，其中第 2—23 行为正文，由“序”和“碑一首”两部分组成，碑文中刻入了武则天创造的 6 个异体汉字。

《智城碑》是因智城而作。智城利用三面环山的地势、笔直陡峭的石山建成，是前临沃野和清水河的山间谷地，仅在谷地出口外构筑三道城墙，将城内与城外分开；又在谷地的转弯处筑两道城墙，将外城与内城分开。它巧妙地利用“绝壁千寻，皆同刊削”的天然石山做“城墙”，城内呈东西宽、南北窄的不规则状。今日尚见的遗址遗迹有城墙四道、城池三处、水井一口等，还有石臼、石马槽、石滚、石碾槽、砺石、陶瓷片及瓦片等遗物。

《大宅颂》的落款时间为“永淳元年岁次壬午十二月十五日”，

南宁上林唐代摩崖《智城碑》拓片（南宁市博物馆供图）

康州大首領左玉鈐衛金谷府長上左果毅都尉員外置上騎都尉[illegible]校康州刺史韋敬辦智城碑一首并序
若夫仰觀而文有日月星辰之象俯察坐理有岳瀆山河之鎮[illegible]閶闔崐閬之仙都金闕銀臺烈瀛洲之[illegible]
蓄泄元氣崩騰橫宇宙之間苞括群靈邈[illegible]埃塵之外自[illegible]登霄漢襟情与造化齊功志想与幽宜合契[illegible]
得而踏焉然則智城山者康州之名山也直上千万仞周流[illegible]昂昂焉寫嵩岱之真容隱焉括蓬臺之[illegible]趣丹
崿掩朝彩以飛光玄岫巖巇含暮煙而孕影積峰崍峭暫碧[illegible]舒蓬駭發澄樹紉黃輿而灣鏡懸巖墜石[illegible]羊伏虎
落澗翻波挂鶴生虹之勢函漢積阻絕岸峥嶸靈卉森羅[illegible]仞蹊藤引吹聲含中散之絃密篠承風影[illegible]步兵之
芝挺秀萬川所以登遊芳桂蘂生王孫以之[illegible]及珎禽瑞獸[illegible]穴宅木栖晨趣昏歸歌嚶囀[illegible]鶯
蘇翻空飆颸亂穟䅵之粉尔乃郊原秋變城色春移木落而[illegible]清花飛而時和景洲則有丹丘之侶[illegible]
於而垂拖霓裳於雲路繽紛鶴駕影散維山之塵縣歸龍輿[illegible]之水無乃懸鄰荷蘿之士離群[illegible]
自娱時耦耕而盡性清琴響亮韻雅調於箕歌濁酒淪滑亂[illegible]芝席實乃靈仙之窟宅賢哲之攸[illegible]
境重臺掩映亂盦吐元氣之精疊嶂糺紛汰軋納蒼黃之色[illegible]更莊塞坐險之不逾堅之又[illegible]之作圍矣韋使君以[illegible]
性該武榮藝博文揔覩禍福於未萌察安危於無傳往以蕭牆起釁庭樹睽隙蓄刃兼季推鋒盈紀遂乃[illegible]劍州
鑪烈位領曹砥平繩直問迴四面悉愈雖鑴絕壁千尋皆同刊削前臨浅壤鳳粟与蟬稍豕轂後迹崇隅[illegible]霧与翠微[illegible]
澄江東道波潤羅錦之花林麓西去條結成惟之葉傍連短墻往往如煙翻飛[illegible]闊表山內水[illegible]
戶浸池爲姦宄之鈐鍵重門一閉無勞擊柝之憂潯泗再施永絕穿窬之患故得寬蹤退散仍[illegible]之
小絜之志重乃是逾魯衛意洽金蘭同氣之義塞隆股肱之情弥重豈不恃名山之景祐託靈岳之鴻威[illegible]陷於安扃靜
灾滏於美術至於小池浅渚猶彰文士之歌况乎崇岳神基寔得緘於明領聊鐫翠巘勒[illegible]獻燕坐草
其詞曰而坐寒廓陰陽迴薄五鎮三山千溪万壑積澗幽明[illegible]峰嵒硌神化攸歸靈祇是[illegible]崇峩峻
鏡崍峭舒蓮虛窗焉月坐岫含煙藤蘿鬱薈林蘩芊蒨尋[illegible]蔡之無邊洪荒廓落咸[illegible]自然其二碧[illegible]
室玲瓏氷泉澄徹浮丘翫賞子僑登謌衆仙所都群靈之[illegible]奔隱映叢穴杳冥崩騰岸響飇廻風[illegible]
馨田家酒濁澗戶琴清絃真登陟靈仙所[illegible]起超忽忽[illegible]其四靈山作固中連外絕斷岸成隍孤[illegible]
簪竿趍回茲陽硎咸歸忻悅其五同氣情申閟牆訟息尺[illegible]粟分食切切其心怡怡其色再洽[illegible]
泱軋剗蠻絲糺險隘羅踰襟期易守敵之者逸居之者[illegible]棄危亡長歸遐壽作誠後昆垂芳来冑一[illegible]
維大周萬歲通天二年歲次丁酉肆月[illegible]卯朔涤日癸酉檢校無虞縣令韋敬一製

《智城碑》为“大周万岁通天贰年”。“永淳”为唐高宗年号，永淳元年为公元682年，干支正是壬午。而“大周万岁通天贰年”则是武则天当政时的年号，为公元697年，距离前一篇《大宅颂》时间相差15年。据此可以认定，这两块碑不仅是壮族地区存留下来的已知时代最早的汉文碑刻，而且是岭南地区最早的唐碑。之前被认为是“岭南第一唐刻”的是广东省罗定市境内的龙龛古道场《龙龛道场铭并序》石刻，镌刻于武则天圣历二年（699），最早由阮元主持修撰的《广东通志》收入，但它比《大宅颂》晚了17年，比《智城碑》也晚了2年。

从《大宅颂》和《智城碑》的时代来看，这两块唐碑具有特别的意义。《大宅颂》和《智城碑》出现的时间正是唐王朝逐步兴盛的时期。唐王朝经历了太宗、高宗朝的励精图治，到武则天时期，国力进一步发展，国势在偏远的岭南地区的碑记中也留下了印记。如《大宅颂》载：“黎庶甚众，粮粒丰储。纵有十载无收，亦从人无菜色。”从这几句来看，当地人口众多，粮食丰产，家家自给有余，即使有十年的灾荒，人们也不会为口粮担忧。文章虽然可能有些夸大其词，但人民衣食无忧、安居乐业应该是基本事实。从《智城碑》中也可以看到当时当地繁荣富裕的社会状况：“澄江东逝，波开濯锦之花；林麓西屯，条结成帷之叶。”“田家酒浊，涧户琴清。”可见不仅人与自然一片和谐，屋舍周围自然风光优美，而且家家酿酒，户户欢歌，如同世外桃源。虽然《大宅颂》和《智城碑》所载不一定是史实，但从侧面反映了当时当地的社会状况，仍然具有重要的历史价值。《大宅颂》和《智城碑》反映了唐王朝走向兴盛时边疆的社会状况，我们从中可以了解初唐岭南地区社会发展的真实面貌。从碑中记载的情况来看，唐代上林地区并非环境荒僻、野蛮落后、人民愚昧，而是物产丰庶，人民安居乐业，崇尚儒雅，这些描述可以纠正我们以往对岭南地区一些认识上的偏差和偏见。

初唐时期，文风承续南北朝遗风，崇尚骈偶。从《全唐文》中收录的这一时期的文章来看，中原的各类文体沿袭六朝的文风，以偶对精切、语言工整为美。骈文在公私文翰中运用极广，是当时文人写作的必备技能。这种中原极盛行的骈偶文风，在这两块唐碑中也有体现。从骈体使用来看，《大宅颂》使用的骈句不多，而是骈散兼行的古文，说明作者对骈文的掌握不够熟练。而且《大宅颂》夹用了不少被称为古壮字的俗字，可能作者是当地较熟悉汉文化的壮族文人。如果说《大宅颂》的骈句还是少而粗糙的话，那么《智城碑》中的骈句则是优美而精湛了，其摹景叙事、用典状物达到了很高的水平，如此音韵和谐的长篇骈体作品体现了极高的语言艺术水准，可能出于骈文高手之笔。它使用的骈句句型丰富，达九种之多，其中部分句型与中原文坛习见的骈文完全一致。从《智城碑》使用骈体句式的熟练程度来看，作者更像是中原文士。

总的来说，虽然《大宅颂》的骈化不如《智城碑》，但两碑的骈化程度是值得注意的：不仅体现了时代先后的差异，也体现了作者文采水平的高低。地处岭南、远离中原的上林出现了与中原地区水准不相上下的骈文，是令人惊讶的。即使在骈文之风

昌炽的南朝，上林一带因为远离南朝的文化中心金陵，不可能受南朝遗风的直接影响，只能是外来文化传播的影响。这说明初唐时期上林与中原地区保持着通畅的文化联系，文中娴熟的用典充分说明作者对中原文化的典籍已相当熟悉。又如当时道教在中原地区的发展已经比较成熟，但在岭南地区还是新生事物。在两碑的用典中，从“赤城”“丹丘”这类意象还可以看到道教的影响。这些典故的运用对身处中原长期受传统文化熏陶的人来说很正常，但对岭南少数民族地区的人来说就不容易了，因为当时壮族的文化教育发展水平还没有达到这样高的水准。

从两碑使用的语言来看，大量的中原文化用语说明其更可能是流落到岭南羁縻州的中原文士代作。因为任何民族的文化发展都有其阶段性，在当时的壮族地区，书面文化有可能尚未发展到这种程度。

通畅的文化联系则是由于顺畅的交通联系。长寿元年（692），武则天在当政八年后下令利用漓江支流良丰江和柳江支流洛清江的二级支流相思江修筑相思埭运河，《新唐书·地理志》记载：“有相思埭，长寿元年筑，分相思水使东西流。”这条运河沟通了桂林及广西西部甚至今越南北部的水运，避免了沿漓江至梧州再溯流而上的回运路程。这对传递中央政府的政令、加强对岭右地区的统治、传播中原文化的信息起了重要的促进作用。实际上，上林就处于交通要道上，唐代由京城往交趾的驿道路线，就是由今宾阳经上林到南宁再到交趾的。天授元年（690），武则天接受从父姊之子凤阁侍郎宗秦客之奏，改造“天”“地”等12字，仅仅 7 年后的万岁通天二年（697），这些字在远离京城的上林碑刻上就被使用了。这既说明武则天朝强大的统治威慑力，也说明交通的顺畅。在这种背景下，岭南文风与中原文风保持同步，中原文化在远离京城的岭南少数民族地区产生如此巨大的影响就不足为奇了。

（莫道才）

唐朝宰相钟绍京的身世之谜

——贺州钟山唐代苏颋《安乐县君神道碑》

唐玄宗开元元年（713）三月十六日，应当是清明时节，当过宰相（中书令）的户部尚书钟绍京，给玄宗皇帝上书，陈述自己祖母的忠义事迹，请求准许为其立神道碑（立在墓道中的石碑）。玄宗皇帝批准了，命文章有“大手笔”之称的苏颋（670—727）撰写碑文，即《安乐县君神道碑》（也称《隋朝富川列女蒋氏冢西观寺碑》）。但这块唐碑在五代时毁于战乱，到北宋时重刻，因碑文刻在一块两石相合如掌的岩石上，故又称“合掌石碑”。石刻今在广西贺州钟山县城厢乡白马村。

钟绍京是唐代著名书法家，帮助过唐玄宗李隆基发动唐隆政变夺取帝位，因功而拜相。据《旧唐书》《新唐书》记载，钟绍京原是江西赣州人，但他祖母的神道碑怎么会出现在贺州钟山呢？这个问题不难解答，因为钟绍京的祖母蒋氏就是土生土长的贺州人，《隋书》和《北史》这两部正史有她的传记。钟绍京的祖父钟骞大概在南朝时期的陈朝（或许还要早一些），由湖南进

北宋重刻《安乐县君神道碑》拓片

入广西贺州做太守，成为贺州地区最高行政和军事长官。蒋氏十五岁左右嫁给了钟骞，生育有两个儿子，长子叫钟士雄，次子叫钟士略。钟士雄承袭了父亲钟骞的职位，这种承袭有"世袭"的意味，表面上臣服于中央皇权，实际上是占据地方的军阀，史书上往往称他们为"首领"，有时候也加上一个"大"字，即"大首领"。陈朝皇帝对钟士雄这样的首领是有所忌惮的，怕他反复无常，于是要求他的母亲蒋氏到首都建康（今南京）去做人质。古代中央朝廷为了控制一个具有一定实力的地方势力，常常采取这样的手段。隋文帝开皇九年（589），隋朝灭了陈朝，结束了长达379年的南北分裂局面。隋朝为了稳定边疆，对蒋氏恩义相待，并派人护送她回到家乡贺州，钟士雄也顺理成章地归顺了隋朝。

蒋氏是一位很有政治头脑的女子，政治见识在她夫君和儿子之上，还超过很多南方首领，事实证明了这一点。

就在陈朝被灭后的第二年，隋朝极力推进削弱南方士族势力的政策，引发南方豪族首领们的反叛，从江南到岭南，他们相互联结，举兵对抗隋朝。贺州地区的反叛者虞子茂和钟文华邀钟士雄一起起事，钟士雄决定响应他们，然而他母亲却极力反对。最终，钟士雄听从了母亲的劝告。蒋氏同时写信给虞子茂和钟文华，告诉他们人生祸福的道理，可惜他们没有听从。很快，这场遍及南方的反隋动乱被平息了。事后，蒋氏的事迹传到隋文帝那里，为了表彰她的事迹，隋文帝封她为"安乐县君"。《隋书》和《北史》为她立传正是为此。她也是广西历史上为数不多的被写入正史的女子。

蒋氏辅佐儿子钟士雄治理贺州18年，于隋炀帝大业三年（607）去世，葬在富川县境内一个叫作“水西里”的地方，后炀帝命改为“松安里”，赋予这个地名“正直安乐”的寓意。她丈夫钟骞去世在前，所葬之地就是今“合掌石”所在之地。

武德四年（621），唐高祖开始安抚岭南。唐朝和陈、隋两朝一样，除了桂林这样的中心城市，其余地方基本上是继续委任地方豪族势力来管理。蒋氏次子钟士略成了唐朝贺州的第一位刺史。在唐代初期，贺州钟氏仍倍受荣宠。

唐太宗贞观四年（630），钟士略将母亲蒋氏的坟墓迁到“合掌石”所在地，与父亲钟骞合葬。太宗拨付了三千缗钱，作为葬礼的费用。这笔钱可不是小数目，可以算一下：一千缗相当一百万钱，三千缗就是三百万钱。唐初宰相的年俸是三百六十缗，三千缗相当于宰相至少八年的俸禄。当时中原大士族嫁女的聘金最高可达到一千缗，已经是非常吓人了，但也只不过是蒋氏葬礼费用的三分之一。由此可见朝廷对贺州钟氏的重视——虽然这并不见得是好事。

唐王朝对岭南首领们的怀柔政策是暂时的。唐高宗时期，开始通过军事和政治等手段压制、削弱甚至消灭南方豪族势力。和钟绍京同属岭南大族子弟的杨思勗（罗州首领的后代）和高力士（高州首领冯宝的六世孙，冯宝妻冼夫人和钟绍京祖母蒋氏均受隋文帝的封赠），都是在家破之后入宫为宦官的。

贺州钟氏的衰落可能在唐玄宗登基之后不久。就在钟绍京上书请求为自己的祖母立神道碑的这一年，已经有一位叫光楚客的

人成了贺州最高军事行政长官（刺史）。也差不多同时，钟绍京被唐玄宗逐出朝廷。

祖父占籍贺州，祖母本是贺州人，父辈钟士略和钟士雄生死不离贺州。一千多年来，钟氏子孙在贺州这片土地上瓜瓞延绵，生生不息。因此，我们有足够的理由说钟绍京出生在贺州，成长在贺州，是地地道道的贺州人。

1300多年来，没有人质疑过《神道碑》的真实性，也没有人去挑战过两部《唐书》的权威。这真是一个千年之疑！疑惑在宋代就有了，著名学者王象之在《舆地纪胜》中说出了他的疑惑，然而却不能做出解释，于是他婉转地、小心翼翼地表达自己的想法：“有传说是钟绍京的父亲从贺州迁徙到了赣州。”今天，因为域外文献的传入，可帮助我们解决这个千年疑惑。

公元779年，日本国一位叫真人元开的人，写成了一部记录高僧鉴真和尚东渡日本前后经历的《唐大和上东征传》。其中记述，鉴真和尚在唐玄宗天宝七载（748）第五次东渡日本失败，被飓风吹到了海南岛，在由海南岛返回家乡扬州的途中，经过江西赣州，在这里邂逅了钟绍京。钟绍京把他请到家中为自己授戒，这一年是天宝十载（751）。书中有四个字特别值得注意——“左降在此”。“左降”就是贬谪。这是鉴真和尚东渡日本经历中一个小小的插曲，无意中却提供了解开钟绍京身世之谜的极为重要的线索和证据。王象之猜不到这一点，因为这部书在20世纪70年代才传入中国，直到1979年，史学家汪向荣将它点校出版，才获得正式而较为广泛的流传。我们之前都认为钟绍京在天宝五载

（746）就去世了。至此，我们知道他还活着，这一年他至少83岁了［按照唐代丈夫年长于妻子的常例，以他和妻子许氏（669—729）同龄推测］。这是他至少第三次被逐出朝廷。

第一次是在唐隆政变（710）之后的第二个月，他只当了几天的宰相就被登上皇位的睿宗皇帝贬到四川边地。两年后，玄宗即位（712），把他召还，恢复他户部尚书的官职，不久升太子詹事。两年后（714），他再次被逐出。此次放逐，前后长达15年，经历了多少州县，史官们也说不清楚。开元十五年（727），钟绍京第二次被玄宗召还京城，泪流满面地对玄宗倾诉："陛下难道忘记当年的事了吗？怎么忍心弃我于蛮荒之地呢，当年一起建功的大臣们都已经去世了，只有我衰老独在……"当年的事，指的是17年前唐隆元年（710）那场诛杀韦皇后的宫廷政变，唐玄宗凭此肃清政敌，登上帝位。玄宗听了他的一番肺腑之言，当即拜官太子右谕德（正四品下），数年之后，升太子少詹事（正四品上）。史书记载到这里，就说他去世了，享年八十多，史官也不能确定到底是多少。

钟绍京并不是我们想象的那样，安乐地终老京城，然后葬在自己的家乡赣州；也不是我们想象的那样，晚年时告老还乡，回到赣州，叶落归根。他是再一次被逐出朝廷——这是被历史遗漏的一次，贬在赣州。

与鉴真邂逅之后应该不会太久，他是真的死去了，注定埋骨于异乡，他的墓地就在赣州。

异乡变成家乡，家乡变成异乡，这是钟绍京命运的归宿。在

唐代，士大夫在异乡去世之后，如果没有特殊情况，一般都会迁葬故里。钟绍京可能是因为某种我们无法猜透的苦衷，也有可能是因为社会的动乱，未能迁葬。比如他请鉴真为自己授戒后没几年，爆发了把唐朝带入混乱和黑暗时代的安史之乱。

当我们为贺州钟绍京招魂时，他不得不面对另一个自己——赣州钟绍京。或许两人的家庭背景判若云泥。赣州钟绍京的家世很平常，祖父是县令，父亲没有官职。我们很难想象在重视家世出身的唐代社会，钟绍京如何从赣州进入朝廷为官，尽管在开始的时候是最底层的官吏。而贺州钟绍京从贺州进入朝廷，似乎不是什么难事。虽然钟绍京当宰相的时间很短，但终究是首席宰相（中书令），且应该是唐代岭南第一位宰相，比开元二十一年（733）拜相的韶关张九龄要早 23 年。

从古代儒家政治观念的立场看，蒋氏卓异的政治见识、恪守忠义的品格、真挚的家国情怀，都是很可贵的，即便在今天，仍然具有积极的意义。

（韦臻）

元祐党争的见证

——桂林龙隐岩宋代摩崖《元祐党籍碑》

学界有“汉碑看山东，唐碑看西安，宋碑看桂林”之说，桂林至今尚存宋碑 500 余块。在这 500 余块宋碑中，如果只选一块作为代表，大概就是《元祐党籍碑》了。

首先，它是著名书法家蔡京书写，蔡京人品在历史上虽评价不高，但其书法曾位列“宋四家”之一；其次，此碑的历史意义重大，是王安石变法的见证，记录了那个风云变幻的时代；再次，此碑曾多次立碑，又多次被毁，其兴也勃焉，毁也忽焉，原碑现已无存。至今只有两块复刻碑，一在广西桂林龙隐岩，一在广西融水县真仙岩。

《元祐党籍碑》，也称《元祐党人碑》《元祐奸党碑》。宋徽宗即位后，听信蔡京之言，将反对王安石变法的大臣数百人列为“元祐奸党”，并将其名单刻石，颁布全国，这就是《元祐党籍碑》。这事的来龙去脉还得从王安石变法说起。宋神宗时期，王安石为相，发动了变法，从熙宁二年（1069）开始，至元丰八年

（1085）宋神宗驾崩结束，故亦称熙宁变法、熙丰变法。蔡京于熙宁三年（1070）登进士第，后调任钱塘尉、舒州推官，累迁起居郎，他积极支持王安石变法。宋哲宗元祐元年（1086），司马光为相，因哲宗年幼，高太后总揽朝政，司马光尽废王安石新法，恢复旧制，有谏官说蔡京怀奸邪、坏法度，因此蔡京被调到地方。元祐八年（1093），高太后去世，宋哲宗亲政，第二年改元“绍圣”，即“绍述先圣（即宋神宗）”之意，于绍圣元年（1094）任章惇为相，恢复熙丰之制，并把元祐年间反对新法的以司马光为首的朝臣列为元祐奸党，苏轼、苏辙、黄庭坚等人皆被贬逐出朝，而召蔡京回到朝廷，任代理户部尚书，与章惇相互配合推行新法。元符二年（1099），哲宗忽然驾崩，由于没有子嗣，朝中大臣与向太后商议谁接替皇位，章惇公开反对立端王赵佶，他认为“端王轻佻，不可以君天下”！

宋徽宗赵佶继位后，向太后垂帘听政。其间，再次起用元祐党人，废除变法新政，章惇很快被贬，蔡京也被牵连罢官，提举洞霄宫，居住在杭州。九个月后，向太后患病归政，宋徽宗正式执掌大权。徽宗改元崇宁，崇宁者，取继承宋神宗常法熙宁之意，蔡京由于向来支持新法，又得到童贯、韩忠彦等人的力荐，被召回朝，后任宰相，尽复熙宁新政。这年九月，宋徽宗令中书省进呈元祐中反对新法及在元符中有过激言行的大臣姓名。有文彦博、司马光、范纯仁、苏辙、苏轼、晁补之、黄庭坚、程颐、秦观等共计一百二十人，分别定其罪状，称作“奸党”，并由徽宗亲自书写姓名，刻于石上，竖于内府端礼门外，称为“元祐党人碑”。

不许党人子孙留在京师，不许参加科考，而且碑上列名的人一律“永不录用”。这是第一次刻《元祐党籍碑》。

崇宁元年（1102）在端礼门刻碑后，蔡京觉得影响力不够，只有在汴京的文武官员或到汴京的人才能看到，于是在崇宁二年九月上书徽宗：“欲乞特降睿旨，具列奸党，以御书刻石端礼门姓名，下外路州军，于监司长吏厅，立石刊记，以示万世！”也就是要求各地遍刻此碑。于是汴京之外，地方上的监司长吏厅也遍立党人碑，但入碑的只有九十八人，没有武臣和内臣。这是第二次刻《元祐党籍碑》。

崇宁三年（1104），蔡京上奏宋徽宗，重新将元祐党人以及后来所定的邪类合为一籍，认定三百零九人为“党人”，第三次刻石立于朝堂东壁。徽宗下令让蔡京书写一遍，在地方官府刻石立碑，并且为正天下视听，将苏洵、苏轼、苏辙、黄庭坚、张耒、晁补之、秦观、马涓等人的文集，以及范祖禹《唐鉴》、范镇《东斋记事》、刘攽《诗话》、文莹《湘山野录》等书籍的刻板，悉行焚毁。而且蔡京在打击报复守旧派的同时，利用职权在《元祐党籍碑》上公报私仇，如王安石的学生陆佃、变法派人物李清臣因得罪了蔡京，也名列“元祐党籍”。又如苏轼，他不光反对新党，也反对旧党，名列其中也不合适。最搞笑的是章惇，为相时力推新法，只因曾反对徽宗继承皇位，蔡京为讨徽宗的欢心，也将章惇名列“为臣不忠”的党人之列。就这样，尽废新法的司马光和力推新法的章惇位列《元祐党籍碑》名单的一头一尾，何其吊诡也！

蔡京的这种做法，让《元祐党籍碑》成了他党同伐异、排挤打击政敌的工具，加之把一批有威望、有学养的饱学之士定为奸党，不许党人子孙留在京师，不许参加科考，同时碑上列名的所有党人一律“永不录用”，皇家子女亦不得与其后代通婚，倘若已经订婚，也要奉旨取消。这种因政见不同而祸及子孙后代的做法难免引起朝野上下文士们的强烈不满。

崇宁四年（1105）九月，徽宗借名九鼎铸成大赦天下，诏“元祐奸党，久责遐裔，用示至仁，稍从内徙，应岭南移荆湖，荆湖移江淮，江淮移近地”。崇宁五年（1106）正月，天空中出现彗星，而文德殿东墙上的元祐党人碑突遭电击被打破。徽宗觉得是上天降怒，派人在深夜时分偷偷把端礼门的党人碑毁掉，进而在全国下令毁碑，“朝堂石刻，已令除毁，如外地有奸党石刻，亦令除毁”。各地之碑尽毁，唯广西有两块复刻：一在桂林龙隐岩石壁间，为庆元四年（1198）元祐党人梁焘的曾孙梁律为静江府钤辖，同僚饶祖尧“爱其有前辈风度”，遂据梁律家藏重刻，后有饶祖尧跋，因仰刻在洞顶，经800余年，却得以逃脱人祸、水患。虽久经风雨侵蚀，部分文字已模糊，但尚可辨认。碑文正书，高192厘米，宽147厘米，字径2.5厘米，碑额“元祐党籍”，隶书，字径16.5厘米，皆为蔡京书。另一块在融水县真仙岩，是

桂林龙隐岩宋代摩崖《元祐党籍碑》

元祐黨籍
開封長孫宗旦師
周俞道德懷永嘉
李伯鉉仲宏楊師
望渭夫清湘劉奕
景山以紹熙改元
冬至日同遊龍隱

嘉定四年（1211）元祐党人中余官第六十三人沈千其曾孙沈暐，时官任融州军州事，以家藏拓本重刻。碑高 200 厘米，宽 102 厘米，碑额“元祐党籍碑”，楷书，赵佶书；碑文正书，蔡京书。

蔡京虽人品不佳，但其书法确有过人之处，《金石萃编》说：“赵佶、蔡京书法，皆为一代高手，以书法故，此碑自未可以人以事全废也。”蔡京的书法初师蔡襄、徐季海，后改沈传师，又改学欧阳询、“二王”，能博采诸家众长，自成一体。碑文笔法姿媚，字势豪健，痛快沉着，独具风格。时人评价“其字严而不拘，逸而不外规矩，正书如冠剑大人，议于庙堂之上；行书如贵胄公子，意气赫奕，光彩射人；大字冠绝古今，鲜有俦匹”，能体现宋代“尚意”的书法美学情趣。当时的人们常以“冠绝一时”“无人出其右者”论之。有一次蔡京与米芾聊天，蔡京问米芾：“当今书法何人最好？”米芾回答：“从唐朝晚期的柳公权之后，就得算你和你的弟弟蔡卞了。”蔡京问：“其次呢？”米芾说：“当然是我。”

历经千年再回首，新法、旧法谁对谁错早已不那么重要了，在当时就是各种政治力量彼此打压的棍棒而已。当年党人碑，忠奸似无凭。今日回头望，公道在人心。轰轰烈烈的变法运动浓缩在两块小小的石刻中，默默地对世人述说风云变幻、是非难辨的沧桑历史。

（江朝辉）

宋末抗元的往事

——河池宜州南宋摩崖黄应德《宜州铁城颂》

“看寺要看南山寺，看城要看古铁城；看洞要看白云洞，白云洞里有仙人。”一首宜州山歌，提到了三处值得游览的宜州风景。歌中提及的古铁城位于今宜州刘三姐镇木棉村一带，又称为“古城峒”。700多年的历史风尘盖住了城池中的行营、水井，甚至没有一点遗址的样子，只有城中大片的庄稼、野草守卫着古城。

探寻古城的秘密，只能求助于山崖上的两块摩崖石刻了。这两块摩崖石刻就在铁城内城北端东西对峙的两山崖壁上，东面山崖上刻《宜州铁城记》，西面山崖上刻《宜州铁城颂》。其中《宜州铁城颂》刻于南宋宝祐四年（1256），黄应德撰，何应壬书，高约380厘米，宽约230厘米，楷书，正文字径约9厘米，为罕见的南宋摩崖巨制。《宜州铁城颂》保存完好，至今仍字口清晰，内容完整，包括了“序”和“颂”两部分：“序”共260余字，以散体文的形式介绍了铁城修筑的主要经过；“颂”近400字，主要以四言韵文的形式赞颂了修建铁城的功德。

南宋末年，蒙古十万大军从宁夏出发，经四川分三路占领了大理国，直接威胁南宋西南边境的安全。《宜州铁城颂》序文从多种角度为我们分析了当时的历史背景、筑城的经过、城池的作用、修筑者的功德等。“比以朝绅之议论，制阃之申明，皆谓鞑警云南，而西广首当其冲。”这是从地理的角度论述广西宜州在西南的军事地位。宜州作为云南与广西的要冲，北接贵州可到四川，南接邕州可到越南，向来为西南军事的要害之地，因而在宜州筑城确实刻不容缓。于是朝廷派遣胡颖主管广西军政事务，派云拱镇守宜州。“郡城之东，龙江之北，四面石壁环绕，且襟山带河，有关中百二形胜。”云拱在考察宜州地形后发现了筑城的最佳地方，通过胡颖报告朝廷。“得旨，以币百万，建为铁城。”山雨欲来，大敌当前，朝廷同意这一请求并拨款百万。

为何称之为“铁城”呢？因为城池“其坚如铁之不可击而破，其高于天之不可阶而升”。为此，云拱还亲自书写了“铁城”榜书刻石壁上，字径硕大，将两字涂上红色后，从远处看也是赫然入目，威严自生。铁城建成后，军民们都希望“外夷闻风，且将褫其魄而夺之气矣，尚何斡腹之虑哉！其保卫宜民，实与天地相为久长”，寄希望于通过牢靠的铁城威慑敌人，打破其意欲通过击破广西而渗透到内地的“斡腹之虑”，保卫宜州乃至大宋安宁，“故四民同为之颂，刊诸铁城石崖，以纪其无穷之绩云”。军民为之赞颂，刊刻颂词在山崖上，以纪念这一伟业。

“颂”为《诗经》六义之一，为我国文学诸多文体中的一种，内容为形容宏业，目的为称颂美德。西晋挚虞所作《文章流别论》

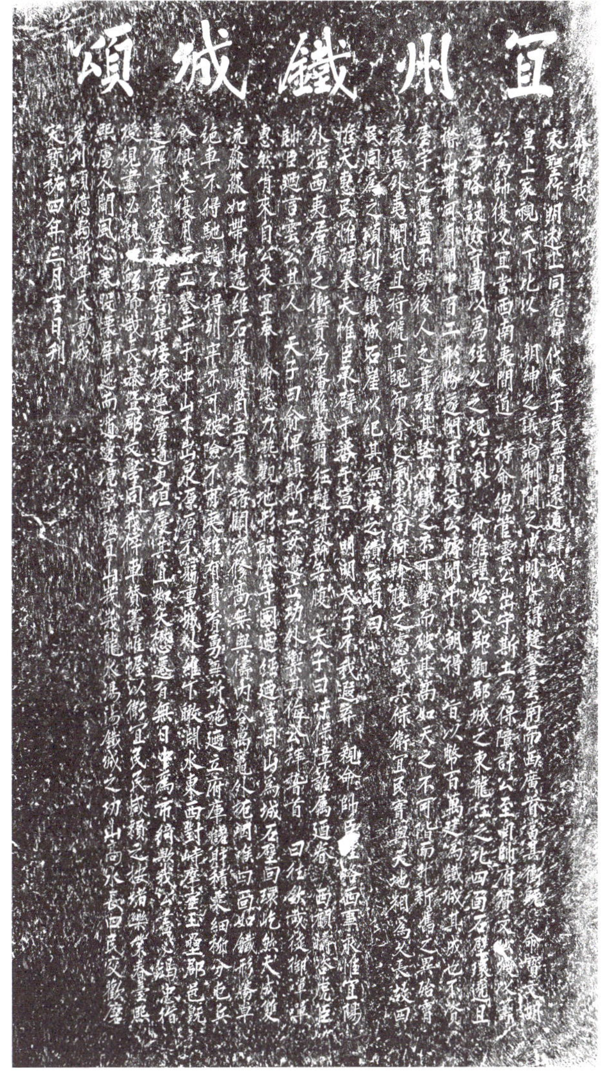

河池宜州南宋摩崖《宜州铁城颂》拓片（宜州文物管理所供图）

说得十分详细："颂，诗之美者也。古者圣帝明王，功成治定而颂声兴，于是史录其篇，工歌其章，以奏于宗庙，告于鬼神，故颂之所美者，圣王之德也。"从这一意义上说，颂是一种突显仪式性的文体，颂写成后要在特定的场合和乐吟诵，以此告于神明、闻于天下、称颂美德，因此颂是一种宜于"以声听"的文体，而不是一种"以目阅"的文体，故而我们在欣赏《宜州铁城颂》的时候不妨放开喉咙诵读一通。在形式上，颂以四言韵文为主，有一韵到底者，也有数句一换韵者。《宜州铁城颂》就是一篇典型的颂体，内容上歌颂筑城的伟业，形式上每句四言，数句一换韵，读起来朗朗上口。

从内容上看这篇颂可以分为四个部分：第一部分为天子经略边疆，选派大臣镇守宜州的过程。这部分颂词以君臣对话的形式，使得天子的圣明形象、守臣云拱勇当大任的品格跃然纸上。第二部分为知宜州云拱主持修筑铁城的经过，包括选地、筑墙、修关、建仓、屯兵、凿井、开路、迁郡、开市等内容。这部分全方位地形容了筑城的各个环节，虽然间或用典，但总体上是明白晓畅，层层铺排，音韵和谐，颇具气势。第三部分为赞颂知宜州云拱主持筑城的用心及铁城镇敌安民的功能。其中，描写云拱在主持筑城中的操持，犹如一帧帧特写镜头呈现在读者面前，既有画面感又具现场感。第四部分为再次强调修筑铁城的功绩，交代镌刻于石崖的缘由，希望通过把颂镌刻在石崖上，将大宋的功业传之万年。

尽管颂词结尾押韵响亮，铿锵有力，但铁城还是无法阻止蒙古大军进攻的步伐。铁城建成后，蒙古大军避开宜州，从今越南一带向广西进军，并取道今贵港、象州到桂林入湖南与另一路蒙古大军汇合，故而宋蒙军队并没有在铁城发生大战。不知从何时起，铁城被人们开辟为庄稼地，慢慢变为无人问津之地。

尽管如此，作为战备城池，铁城见证着宋末西南边境的政治、军事与文化样貌，有其特定的意义与价值。《宜州铁城颂》等碑刻也受到后人的关注，清雍正十二年（1734），宜州名士探访铁城，写下《铁城紫霞洞记》，并提及《宜州铁城记》与《宜州铁城颂》。清道光二十五年（1845），岭南大儒郑献甫从友人处得《宜州铁城颂》拓片，于是他游览了铁城，并作有文《游铁城记》、长诗《游古城峒》，描述了他寻找摩崖的经过。在文中郑献甫还提到，庆远知府程灿策也曾到铁城访碑。民国时期，竺可桢、简又文等知名学者均到过铁城考察访碑。《宜州铁城记》《宜州铁城颂》被《粤西文载》《广西通志》《全宋文》等收录，其拓片也成为清代金石学家争相收藏的珍品。

颂词结尾，押韵响亮，读音高亢，铿锵有力。诵读一通："宜山峨峨，龙水汤汤。铁城之功，山高水长。四民交欢，磨（摩）崖刊颂。亿万斯年，永戴我宋。"仿佛又回到了700多年前的铁城，整齐的军队在铁城集结，嘹亮的号角在铁城回荡，这号角又像穿越时空，融入铁城风吹过庄稼的声响中，一阵又一阵，一年又一年！

（马一博）

王守仁的怀柔方略

——百色平果明代摩崖王守仁《征抚思田功绩文》

在广西百色市平果右江南岸原“阳明洞”前峭壁上，镌刻着《征抚思田功绩文》，碑文撰写者为明代著名的思想家、文学家、政治家、军事家王守仁。此石刻又称“田州立碑”。

王守仁（1472—1529），字伯安，浙江余姚人。因曾筑室于会稽山阳明洞，自号阳明子，世称“阳明先生”。王守仁是心学思想的发扬者与集大成者，在中国思想史上地位重要。他文治武功，戎马一生，曾先后率军平定了南安、赣州、汀州、漳州等地民乱，平定江西宁王朱宸濠叛乱，为明王朝做出了巨大的贡献。

据汪森《粤西丛载》记载，嘉靖年间，因田州土司岑猛仗着兵力强大而欺压其他土司，岑猛被镇压死后，其下属思恩、田州土酋卢苏、王受挟持其子岑邦相叛乱。两广总督姚镆不能平定。卢苏、王受等人攻占了田州府城，又攻占了思恩城，抓了知府吴期英、守备指挥门祖荫等人，还焚烧官府粮仓粟米数以万计。广西的形势非常危急。

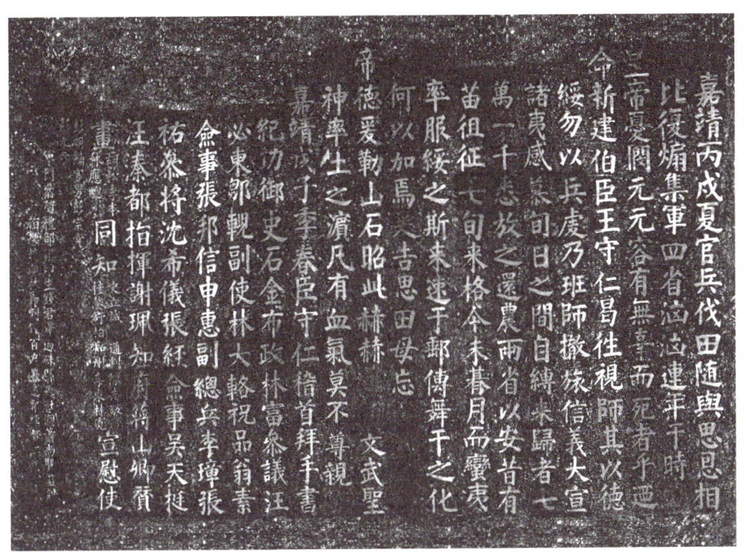

百色平果明代摩崖《征抚思田功绩文》拓片（平果市博物馆供图）

嘉靖六年（1527）五月，明朝廷诏起王守仁，命他以兵部尚书兼都察院左都御史总督两广兼巡抚，总制两广及江西、湖广军务，前往广西平叛。王守仁于九月初八带病启程，十一月二十六日抵达南宁。

王守仁在赴广西途中，注意查访言论，勘察民情，与巡按御史石金等人定计招抚。他上奏朝廷，阐述思恩、田州局势，认为两地设置流官无益，在详细陈述用兵之害后，提出了招抚之策。

王守仁抵达南宁后，并不是征调兵马，积极部署军事行动，

而是撤兵。“下令尽撤调集防守之兵，数日之内，解散而归者数万有余。湖兵数千，道阻且远，不易即归，仍使分留南宁、宾州，解甲休养，待间而发。”（《王阳明集》）

之后，王守仁遣使劝降，派遣的使者龙光相貌“古鼻多髯”，与他相似。卢苏、王受物色过王守仁画像，惊疑为王守仁本人。经多次劝降，卢苏等人终于下定决心。

卢苏、王受率领部下投降时，演出了惊险的一幕。他们疑心重重，要求着铠甲、带兵器、率领部下进城，而且要求更换城门守军，王守仁一一答应。接着，王守仁对土目卢苏、王受施行较轻的杖刑，以示惩戒。行刑时，其手下见到头目被打，鼓噪放炮准备造反，当时幸遇哑炮，否则后果不堪设想！杖刑之后，王守仁释去其缚，解释道：“今日宥尔一死者，是朝廷天地好生之仁，杖尔一百，乃我等人臣执法之义。”王守仁既宣传朝廷好生不杀之德，又强调作为大臣必须执行明廷法律，解释了施行杖刑的合理合法性。最后，他亲自到卢苏、王受的军营，安抚七万多军兵，众人叩首悦服。王守仁恩威并用，终于成功劝降。

卢苏、王受投降后，王守仁进行了一系列善后工作。他立岑猛次子邦相为田州土官，待其有功，则授知州实职。并且从福建调回岑猛的另一个儿子邦佐，复任武靖知州，让岑氏继续统治田州，以顺承民情。又在田州设置十九巡检司，让卢苏、王受等土目分别担任职务，分散其势力。同时设立流官知府，对土官、土目们进行监督管理。

叛乱平定后，王守仁在田州、思恩州、南宁府三地交界处

（今平果）右江南岸峭壁上刻石纪功。所刻《征抚思田功绩文》一碑，言简意赅。以“集军四省，汹汹连年”概述了动乱之局；以“旬日之间，自缚来归者，七万一千。悉放之还农，两省以安”讲述整个事件的经过；以“昔有苗徂征，七旬来格，今未期月而……率服。绥之斯来，速于邮传，舞干之化，何以加焉”来赞扬此次功勋；以“毋忘帝德，爰勒山石，昭此赫赫”（《王阳明集》）来昭告当地民众。

王守仁勒石平果之后，又在南宁的敷文书院墙壁上手写了此碑文，记载这段不平凡的历史。

（何婵娟）

百色平果明代摩崖《征抚思田功绩文》（平果市博物馆供图）

被忽略的灵渠“陡军”

——桂林兴安严关《万古沾恩碑》

西有阳关，南有严关。严关是古代北方到粤西和西南以及东南亚的重要关隘。在广西兴安县严关镇严关口村，有立于清代雍正二年（1724）的《万古沾恩碑》，碑中记载了与灵渠管理机构“陡军”相关的内容。

严关口村，地处湘桂走廊南北通道上，距灵渠仅数百米，因村依古严关而得名。有文献记载，古严关是“秦戍五岭”时创建，距今已有两千多年。古严关现保存基本完好，是岭南著名的关口，也是古代中原与岭南水陆交通之要道，清代《兴安县志》记载，严关“为楚粤之咽喉”。周边留有宋代以来的摩崖石刻 10 余方，1963 年公布为广西壮族自治区文物保护单位。

《万古沾恩碑》高 150 厘米，宽 79 厘米，厚 20 厘米，字径 2 厘米。文字直书 23 行，满行有 51 字，共 1000 多字。

碑中内容最重要的是记载了关于陡军的历史信息。灵渠，是开凿于公元前 214 年的秦代人工运河，为了保障通航，运河内有不少类似现代船闸的设施，名叫陡门。因此，历史上曾将灵渠称为陡河。陡门历史悠久，被誉为“世界船闸之父”。历史上对灵渠的日常管理，设有专门的人员与机构，以保障正常情况下的通航，这种管理陡河的机构后来叫作“陡军”。陡军享受朝廷俸禄，陡军的头目称为“渠目”“渠长”，工作人员叫作“陡夫”。

《万古沾恩碑》记载了朝廷加强水陆交通管理的事迹，并记当时“有陡夫三十名，专司陡河启闭”等与灵渠陡军相关的内容，是目前发现记载陡军的第一方石碑。而且碑中文字内容均不见前

桂林兴安古严关

人提及与文献记载，碑中的“有陡夫三十名”，与清乾隆版《兴安县志》卷三“田赋”所载“太平陡……南陡，上旧陡每陡陡军二名，计三十名”数量完全一致。因此，《万古沾恩碑》填补了古代灵渠管理资料的空白，也证实了文献记载的真实性，是研究陡军文化难得的历史资料。

《万古沾恩碑》也是水陆驿站的记事碑。除了以上提到的陡军等情况外，还记载了当时严关水陆交通的情况，朝廷对塘兵、铺司的管理，以及护送支更火把、备办马料、上宪水路驾临时、扯幛盘坝、护送钱粮、押解重犯、应急公务等诸多内容。

灵渠自公元前214年开凿成功后，有两大因素导致其需要经常维修。一是灵渠沟通了湘江与漓江，连接了长江与珠江水系，成为我国南北运输线的重要通道，来往船只众多。二是受季风气候的影响，几乎每年都会有不同程度的暴雨。按宋制，灵渠三年一小修，五年一大修。到了立碑的雍正二年（1724），距离上次灵渠大修的康熙五十三年（1714）已有十年之久，沿岸设施难免受到不同程度的破坏。这种状况与唐代李渤修缮灵渠的情况类似。李渤修缮前的灵渠：“年代浸远，陡防尽坏，江流且溃，渠道遂浅，潺潺然不绝如带。以至舳舻经过，皆同槩荡，虽篙工楫师，骈臂束立，瞪眙而已，何能为焉。虽仰索挽肩排，以图寸进。或王命急宣，军储速赴，必征十数户乃能济一艘。因使樵苏不暇采，农圃不暇耰，靡间昼夜，毕遭罗捕。鲜不吁天胥怨，冒险遁去矣。”雍正初年，虽然朝廷设有塘兵、铺司，人员紧张时则“排门派户，拨民当夫，有时三五日一差，七九日一又轮”，使得

"超累苏商利民等苦情"。于是民众上报到省府，问题得到解决，为防再出现类似情况，"请县主勒石"，立《万古沾恩碑》。雍正八年（1730），灵渠陡门被冲坏。两广总督鄂尔泰与广西巡抚金鉷奉旨修灵渠。由桂林知府耿麟奇、兴安知县王勍监修，于雍正八年春动工，次年秋竣工。重修了陡门 18 座，作蓄水堰 37 座，凿去渠内险礁 149 处。

桂林兴安严关《万古沾恩碑》

《万古沾恩碑》中对灵渠的管理方法，管理部门陡军的具体数量、工作职责等，都有明确的记载，为湘桂走廊文化的研究、兴安县地方史等增添了难得的史料。这一宝贵的实物资料为灵渠历史文化的研究添彩不少，值得我们认真解读、学习与研究，让它焕发出应有的光芒。

（陈兴华）

《万古沾恩碑》拓片

最早的石刻养生方

——桂林南溪山宋代摩崖吕渭刻《养气汤方》

存世的摩崖石刻中药方碑相当稀少，广西仅存的两碑都在桂林，一件是不知何时刻于临桂区南边山镇崩山潭的民间实用药方碑，一件是北宋宣和四年（1122）吕渭刻于南溪山刘仙岩的《养气汤方》。《养气汤方》高 50 厘米，宽 65 厘米，楷书，字径 2 厘米，注文字径 1 厘米，全文共 195 字。

吕渭，北宋时福建晋江人，宣和期间任提举广南西路常平章事。提举常平司是宋官署名，简称仓司，平时掌常平仓、免役、市易、坊场、河渡、水利等事，并有监察地方官吏之权。但吕渭能在桂林留名并不是因为他的政绩，而是因为南溪山上的这方石刻。按石刻记载，《养气汤方》源于《广南摄生论》。“摄生”即养生之意，《广南摄生论》应该是一本养生安命之书。宋郑樵的《通志·艺文略》内有《广南摄生方》三卷，《文渊阁书目》卷十五“医书”类有《广南摄生论》一部，或为同一书，然皆已失传，吕渭刻石的《养气汤方》是此书唯一存世的物证了。

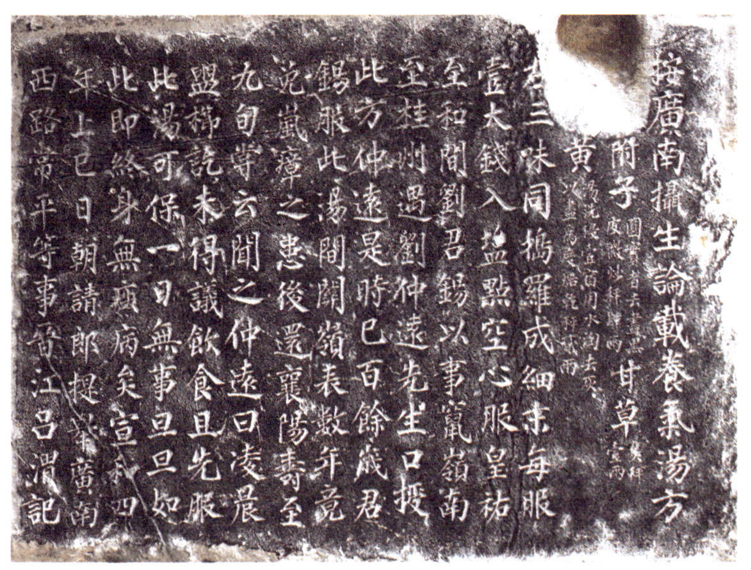

● 桂林南溪山宋代摩崖《养气汤方》（桂海碑林博物馆供图）

碑文中除了药方的来源，对药方成分、用量、制法和服用方法以及疗效等都做了详细说明。药方仅以“□附子、甘草、□黄”三种药材入药。因时代久远，文字已磨灭不清。但约成书于 1196 年王璆原辑的《是斋百一选方》卷之四“第五门”也记载有“不老汤方”：“不老汤：香附子，丸实者，去尽黑皮，微炒，肆两；姜黄，汤洗浸一宿，洗净，焙干，称贰两；甘草，一两，炙。上三味捣，罗为细末，每服壹大钱，入盐点，空心服。皇祐、至和间，刘君锡以事窜岭南，至桂州遇刘仲远先生口授此方。仲远此

时已百余岁。君锡服此方，间关岭表数年，竟免岚瘴之患。后还襄阳，寿至九旬。尝云闻之仲远说：凌晨盥栉讫，未得议饮食，且先服此汤，可保一日无事，旦旦如此，则终身无疾病矣。”全文除了缺少《养气汤方》开篇的叙述源头和结尾记载刻石年月和作者的句子，两者内容基本相同，可与石刻之文互参。其中香附子始载于《名医别录》，其药效“味甘、微寒、无毒，主处胸中热，充皮毛，久服利人，益气，长须眉”，《唐本草》始称香附子。姜黄始载于《唐本草》，其药效“味辛苦、大寒、无毒，主心腹结积，疰忤，下气，破血，除风热，消痈肿”。香附子为养气汤或不老汤之君药；甘草能治脾胃气虚、痈疽疮疡、咽喉肿痛、气喘咳嗽，并调和诸药；姜黄从剂量看应为臣药，药方主要用于祛湿热，免岚瘴，重在养生防病。

由于南方天气湿热，山林中会散发出导致疟疠等传染病的山岚雾气，史称“瘴气”。广西气候炎热、多雨潮湿，历来被视为瘴疠之乡，传说中瘴气者必死，故而“士人畏往，甚于流放”。在宋代，壮医就对瘴气的病因病机有所认识，而且进行了初步的分类，并运用当地的方药进行治疗。壮医所说的瘴气包括许多疾病，并不是专指某一种病，故《岭外代答》说：“南方凡病，皆谓之瘴。”壮医按发病季节分，春天叫作青草瘴，夏天叫作黄梅瘴，秋天叫作新禾瘴，冬天叫作黄茅瘴；按症状及性质分为冷瘴、热瘴、哑瘴等；依植物命名有桂花瘴、菊花瘴；依动物命名的有蚺蛇瘴、孔雀瘴、蚯蚓瘴、鸭虫瘴、黄蜂瘴等；还有瘴田、蒙沙、水瘴等。在与瘴气做斗争的实践中，壮医积累了比较丰富的经验，

“养气汤方”就是其一，它可调畅气机、推陈致新、祛病延年，定期服用可预防“岚瘴之患”，是当地人民在同瘴气做斗争的过程中不断摸索的经验，充分体现了岭南人民的聪明和智慧。

吕渭还在碑文上举了刘君锡的例子，从这段话中看，“养气汤方”是刘仲远传授的。刘仲远在桂林南溪山可是大名鼎鼎的“刘神仙”，是桂林地方史志中的传奇人物。传说他住在南溪山一个岩洞里，为村民们看病问症，后来得紫阳真人张平叔点化，金丹之道大成，于元丰八年（1085）羽化登仙，享年118岁。

有宋一代，很多官员都到刘仙岩去寻访刘仙遗迹，如乾道元年（1165）九月，广西经略使张孝祥就去瞻仰了刘仙画像并题像赞一首：“其骨已朽，其人不死，与天地齐年者耶？山高谷深，变化成空，一笑相从，惟我与公！”但刻《养气汤方》距刘仲远羽化又过了近40年，很显然吕渭是在借刘仙的名头为这个汤方增添一点神秘因素。毕竟在北宋，宋真宗、宋徽宗等几代帝王都信奉道教，当时道教得到了空前尊奉，几乎成了国教，各地道教宫观相继修建。在桂林也不例外，不少著名的道观如七星观、东观、元妙观、真山观、千山观、紫极宫、东华观等纷纷修建。这个时期，道教文化在桂林得到了前所未有的繁荣和发展，石刻《养气汤方》及刘仙故事就是最好的印证之一。

（王正刚）

士高能隱山靜𨒂壽濤之主名
六洞互透不鑿自通雖探莫究
虛腹開潭垂乳滴溜寒澈鏡奩
吸雲穿竇磴曲風摶泉清石漱
蓮憶古香桂凝秋瘦招隱巖前
高亭東構獨出春城靜觀清晝
一日小隱千年古迪何人能亶

名人的印记

独秀峰的由来

——桂林独秀峰摩崖梁章钜题“峨峨郛邑间”

都说“桂林山水甲天下”，水以漓江最出名，山却名山众多，其中，位于桂林靖江王城内的独秀峰因其独特的地理位置，整块巨石构成的造型和自山麓至山顶遍布的石刻，形成了奇特的自然景色与丰富的人文景观。那么，独秀峰的名称因何而来呢？

独秀峰之所以起名“独秀”，与山上一通清代人梁章钜题刻的“峨峨郛邑间”石刻有关。石刻高 214 厘米，宽 86 厘米，隶书，字径 40 厘米。其中第二个“峨”字省略为两点，是古代书写的习惯，如在西周《史颂鼎》上就用这种形式来表达“子子孙孙”。这石刻是清人刻的，但诗句却是出自南朝刘宋著名诗人颜延之：“未若独秀者，峨峨郛邑间。”这句诗是中原文化名人最早吟咏桂林山水的诗句，开创了桂林山水诗的传统，是对桂林历史文化名城清晰而准确的描述，独秀峰之名也因此而来。那颜延之是谁呢？

颜延之（384—456），字延年，琅邪临沂（今属山东）人，南

桂林独秀峰摩崖“峨峨郭邑间”石刻拓片（桂海碑林博物馆供图）

朝宋代文学家，文坛领袖，和谢灵运、鲍照并称“元嘉三大家”。据史书记载，颜延之少孤贫，好读书，无所不览，但性格激直，所言无忌，还喜欢喝酒，所以得了个“颜彪”的绰号，看来颜延之是个性情中人。颜延之比陶渊明小二十岁，和陶渊明是忘年交，被誉为陶渊明的“第一挚友”，相似的性格和生活习性让两人的友谊跨越了年龄的阻隔。颜延之出任始安太守时，因事路经浔阳，就和陶渊明去饮酒，离去时留下了两万钱，陶渊明悉数送给酒家存放，以便随时去饮酒或取酒，这就是“颜公付酒钱”的典故。李白曾作诗《赠宣城宇文太守兼呈崔侍御》:“颜公二十万，尽付酒家钱。”后来陶渊明病逝，颜延之写了情文并茂、真切感人的《陶徵士诔并序》，可见两人友情的真挚深厚。

据史书记载，当时的尚书令傅亮认为自己是天下文章领袖，而颜延之自负文才不在其下，常常口无遮拦。傅亮又嫉又恨，景平二年（424），借朝廷皇室内部的权力之争把颜延之外放为始安太守。差不多同时被外放的还有他的好朋友谢灵运。两年后，傅亮等人被杀，颜、谢这对好友也先后回到京城建康（今南京）。

短暂的外放生涯在颜延之的生命之旅中似乎并无奇特之处，但对桂林来说就不一样了，桂林就这样有幸迎来了有史以来的第一个大文豪。汉武帝时期，废除了秦朝在岭南设置的三郡，把桂林郡北部地区（也就是现在的兴安、灵川、桂林、阳朔、永福等地）设为始安郡。颜延之从京城“空降”过来任“始安太守”，大致相当于现在的桂林市市长。在始安郡任太守期间，颜延之“以富厚之身，亲贫薄之人”，体察民情，同情民众之疾苦，多次下令减免赋税，大力提倡发展农业，奖励开荒种植，提倡兴学促教，加强文化建设，为当地群众所拥护。

颜延之任始安太守时，府治就设于独秀峰的东边，茶余饭后，他常常绕着独秀峰散步休闲。有一天，他无意中发现了山峰南麓有一个天然又奇特的山洞，清除了周围的荆棘杂草后，看到洞内居然有类似石床、石凳之物，很适合读书，清风徐来，宛如世外桃源。从此以后，他常到这个清爽幽静的天然书室读书写作，现在独秀峰的东麓下还有一石室，室内有石窗、石榻等物，就是当年颜延之读书处，后人把此地叫作“宋颜公读书岩”。后来桂林各地出现不少读书岩，如阳朔的曹邺读书岩、永福的王世则读书岩、恭城的周渭读书岩、全州的蒋冕读书岩等，其历史源头就在此了。“未若独秀者，峨峨郛邑间”的诗句很可能就是作于此地。独秀峰巍峨挺拔、卓尔不凡，刚直坚挺，不正是颜延之人格精神的真实写照吗？

按理来说，颜延之应该写了不少描写桂林山水的诗句，可惜都没有流传下来，“未若独秀者，峨峨郛邑间”一句，也未见记载在颜延之的作品集中。唐代监察御史郑叔齐写了一篇《独秀山新开石室记》，文中写道：“城之西北维有山，曰独秀。宋颜延之尝守兹郡，赋诗云：‘未若独秀者，峨峨郛邑间。’嘉名之得，盖肇于此。”颜延之这句诗因此才流传下来。文中题目是“新开石室”，就是颜延之当年读书的石室，那为什么又说是“新开”呢？

原来在唐大历年间（766—779），御史中丞、桂管观察使李昌巎在独秀峰下建孔庙、创学堂，招收贵族子弟入学读书。当

时山脚周围草木芜杂，李昌巙就和大家一起割除杂草，不期然发现了大约350年前的颜公读书岩。只是世事变迁，读书岩早就面目全非。于是李昌巙“申谋左右，朋进畚锸。壤之可跳者，布以增径；石之可转者，积而就阶。景未移表，则致虚生白矣。岂非天赋其质，智详其用乎”，使之重见天日。唐建中元年（780），郑叔齐作《独秀山新开石室记》详细记载了这件事，该文也摩刻在读书岩上方，至今仍清晰可辨。

颜延之把中原读圣贤书的文化传统引入桂林，读书岩则成为桂林乃至广西学子的文化圣地。唐代，在读书岩前建起了广西第一座官办学府——桂林学府，举办广西科举考试的广西贡院，和读书岩隔水而立。宋哲宗元祐五年（1090），时任桂州（今桂林）

桂林独秀峰读书岩

太守孙览仰慕颜延之“好尚不凡”，再次修葺读书岩，摩刻“宋颜公读书岩”于岩上，并在读书岩前李昌巙建学旧址创建五咏堂，刻《五君咏》碑。为此，孙览还写了一篇《五咏堂记》。然而物换星移，五咏堂最后坍塌了，《五君咏》碑也不知所终。

清道光十八年（1838），广西巡抚兼学政梁章钜重建五咏堂，以家藏北宋书法家黄庭坚所书《五君咏》真迹重新刻石立碑，共刻石四块。碑刻跌宕飘逸，刚柔相济，长枪大戟，气势非凡。石刻后从五咏堂迁至桂林城中华路劳公祠。抗日战争期间，桂林沦陷，五咏堂又遭毁，石刻也不知所终。梁章钜同时还将颜延之诗句“峨峨郛邑间”摩刻在读书岩上方，至今尚在。

一千五百多年前的颜太守在桂林开创南疆功绩的同时，留下了独秀的诗句、读书的风尚和君子的品格，也是他恃才傲物、不慕权贵、甘为清贫的自身品德的写照。《桂林通史》将之总结为：“颜延之颂咏过的独秀峰和活动过的读书岩，是桂林文化名城的重要文化奠基，独秀峰的历史从此就与文化教育事业有了密切的联系。”

（王正刚）

舜帝是否到过桂林猜想

——桂林虞山唐代摩崖韩云卿《舜庙碑》

虞山公园位于桂林城北，因园内的虞山、虞帝庙而得名，是桂林城最美、最大的仿古园林，园内“舜洞薰风”曾为“桂林八景”之一。

虞山公园林木苍翠，环境幽谧，现存古代碑刻65件，其中唐碑2件，都是由“以文辞独行于中朝”的韩云卿撰文、隶书名家韩择木之子韩秀实笔书、“秦汉后篆书第一手”李阳冰篆额，后人称为“三绝碑”。一件是大历十二年（777）的《平蛮碑》，另一件是建中元年（780）的《舜庙碑》，清代学者钱大昕称赞：“粤西石刻，以此为最佳。”

《舜庙碑》石刻高312厘米，宽206厘米，正文为隶书，字径8厘米，篆额为篆书，字径18厘米。全文共600余字，记载了李昌巙等人重修舜庙的事迹，借以歌颂虞帝的功德。

这件石刻的作者韩云卿是唐代大名鼎鼎的散文家韩愈的叔父，当时在京城长安任礼部郎中，其作品多散佚，《全唐文》录

存者仅五篇，其中两篇就是刻在桂林的碑文。为什么他会给遥远的桂林城连写两篇碑文？

韩云卿（727？—779？），唐代散文家，字文渊，号子房，河南河阳（今河南孟县）人。韩愈在《科斗书后记》谓："叔父当大历世，文辞独行中朝，天下之欲铭其先人功行、取信来世者，咸归韩氏。"韩云卿对李白仰慕已久。大唐天宝十三载（754），当时任文学馆学士的韩云卿在漫游黄山后，以晚生后学的身份寄诗于李白："丹岩翠障都成画，异草奇花尽是书。万卷青缃何必读，其君来此共吟趋。""一生好入名山游"的李白很快就回赠一首："韩众骑白鹿，西往华山中……何日可携手，遗形入无穷。"韩众，传说中的仙人，李白用他暗指韩云卿，期待两人能携手同游，"遗形入无穷"。至德二载（757），李白从浔阳出狱后南游，在南京见到了韩云卿。两个任侠好游的人，曾经相约共隐名山，又有过去的诗歌酬答的经历，自然是文兴时发，诗酒往来。韩云卿此时正当壮年，一表人才，又吹得一手好笛子，李白看到他就好像看到年轻的自己。李白写道："韩公吹玉笛，倜傥流英音。风吹绕钟山，万壑皆龙吟。王子停凤管，师襄掩瑶琴。余韵度江去，天涯安可寻。"风流倜傥的韩云卿，一曲清笛绕钟山，好似

桂林虞山唐代摩崖《舜庙碑》拓片（桂海碑林博物馆供图）

龙吟飘山间。至德三载（758），韩云卿出任宣州广德县令。李白作《送韩侍御之广德令》相送："昔日绣衣何足荣，今宵贯酒与君倾。暂就东山赊月色，酣歌一夜送泉明。"

韩云卿其人其文，李白曾在《武昌宰韩君去思颂碑》文中称"文章冠于世，拜监察御史，朝廷呼为子房。"皇甫湜《韩文公神道碑》云："叔父云卿，当肃宗、代宗朝，独为文章冠。"李翱《韩君夫人韦氏墓志铭》云："礼部郎中云卿，好立义节，有大功于昭陵，其文章出于时，而官不甚高。"可见，韩云卿这个人重气节、有军功，文章知名当世，说得上是文武双全了。

韩云卿在任宣州广德令后又回到朝中，至大历十二年（777）升任礼部郎中一职。时任桂林刺史的李昌巙重修舜庙，特意请远在长安的韩云卿作文，这块碑也是桂林现存最早的营缮纪事石刻。

舜帝南巡，《山海经》《尚书》《竹书纪年》《帝王世纪》《史记》等书皆有记载，基本上认定其"崩于苍梧之野，葬于江南九嶷"，怎么约 140 千米外的桂林虞山会出现舜帝庙呢？舜帝葬在湖南永州九嶷山，那他有没有可能来过桂林呢？在《史记·五帝本纪》中，记载了从黄帝到禹五代帝皇四方征讨、巡狩天下的事迹。他们都到过哪些地方？黄帝是"南至于江，登熊湘"。但是古书不打标点，熊湘是两座山还是一座山现在仍争论不休，但黄帝到过湖南是无疑的。"帝颛顼高阳者，黄帝子孙而昌意之子也。……北至于幽陵，南至于交趾。"交趾是今天的越南，秦汉时中原去交趾一般过今广西，颛顼应该到过桂林。《史记》中关于帝喾和尧的记载中没有提到他们具体巡狩的地方，但有尧"命羲叔，居南交”的记载。“南交”就是“南方的交趾”。后来帝尧年老，命舜摄行天子之政，巡狩四方，“岁二月，东巡狩，至于岱宗……五月，南巡狩；八月，西巡狩；十一月，北巡狩……五岁一巡狩，群后四朝”。舜五年一次的巡狩，除了东方，其他三个方向没有记载具体地点。舜登基后，国家“方五千里，至于荒服。南抚交趾”。从以上文献中我们可以看到，虽然没有明确的一手文献记载舜帝来过今桂林，但很可能是来过的。据说秦人就曾在虞山立碑建庙纪念，也是桂林最早的庙宇之一，可惜碑和庙都消失在历史的长河里了。

能明确舜帝和桂林关系的最早文献就是韩云卿的《舜庙碑》了，从碑文里“祠宇隳圮，狭隘朽陋，不足延降圣灵，迎致恭恪”“因以俸钱增新缮故”，我们可以得出这样的结论：唐代以前虞山就有舜庙存在，但是年久失修，朽陋不堪，至于这个残败的庙宇是哪朝人修建的我们就不知道了。这次修建舜庙后，舜帝和桂林的渊源就不绝如缕了，如一百多年后唐光化二年（899），唐代莫休符在《桂林风土记》记载：“舜祠在虞山下。”唐代重修舜庙历宋至清代，迭经鼎新，均有石刻记载，其中最著名的是宋代淳熙二年（1175）朱熹为张栻撰文的《静江府新作虞帝庙碑》。

其实舜帝南巡，来没来过桂林都不妨碍桂林人建庙纪念他。桂林人为了纪念舜帝，修了舜帝庙，庙边的山便叫虞山，边上的跨江大桥叫虞山桥。

《舜庙碑》在明代曾被人有意破坏，明嘉靖三年（1524），布政使杨铨为了刻自己的作品，竟然不惜凿毁韩云卿的《舜庙碑》，

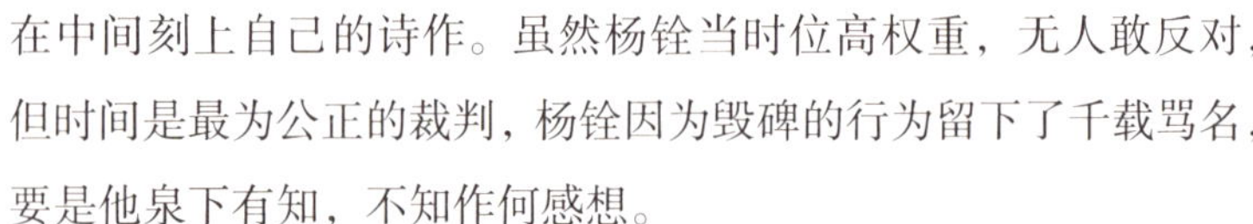

在中间刻上自己的诗作。虽然杨铨当时位高权重，无人敢反对，但时间是最为公正的裁判，杨铨因为毁碑的行为留下了千载骂名，要是他泉下有知，不知作何感想。

（王正刚）

从柳宗元游迹衍生的柳州山水之旅

——柳州马鞍山宋代摩崖丘允《仙弈山新开游山路记》

《仙弈山新开游山路记》石刻位于柳州市马鞍山西麓，高 105 厘米，宽 50 厘米。石刻以阴线刻出文字区域，并分出碑首题额与正文碑面部分。碑首题额楷书“仙弈山新开游山路记”九字三行，正文楷书 298 字，分刻 13 行。宋靖康元年（1126）三月望日丘允撰，觉昕刻石。

丘允，字执中，福建福唐（今福州）人，元符三年（1100）进士，历栾城卫，历知临湘、邓城、新建县，靖康间擢知柳州。南渡后召对，请上稽天意，内勤政事，任贤远奸，高宗嘉纳。除知惠州，致仕卒。赠左朝议大夫。《万姓统谱》记丘允任柳州时，“豪右恃势欺诈良民，官吏不敢诘责，允穷治其奸，远近敬服”。刻石者觉昕，法系临济宗九世，南岳十三代。北宋绍圣初年师从慕喆法师游京师，居法云、慧林、智海诸禅寺。北宋末年至柳州天宁寺，为住持传法净悟大师。靖康元年，修筑仙弈山登山道。绍兴初年，建成天宁寺（灵泉寺）新殿，兴修钓轩等景观。摩崖

所刻《仙弈山新开游山路记》，记录了北宋时期柳州仙弈山（今柳州市马鞍山旧称）修筑西麓登山步道的事件，是研究柳州山水旅游文化的重要史料。

柳宗元于唐元和十年（815）至元和十四年（819）任柳州刺史。虽平日忙于公务，但闲暇之余，他仍像在永州时一样寄情山水。柳州属于典型的岩溶地貌，多峻峰奇洞，附近的峨山（今大鹅山）、石鱼山（今鱼峰山）、仙弈山（今马鞍山）、驾鹤山、屏山、雷山、龙壁等处都留下了他的足迹。柳宗元创作于柳州的山水游记仅两篇，其中《柳州山水近治可游者记》对柳州城周边可观览的山水做了文字概述。可以这样说，这篇文字在此后千余年的时间里，一直充当着柳州城周边山水的旅游指南。

丘允在《仙弈山新开游山路记》开篇就直溯柳州山水旅游文化的源头，点出柳宗元《柳州山水近治可游者记》所列柳州近治山水，“惟仙弈山为尤详”。引用柳文“仙弈之山”的部分内容，“山之西可上，其上有穴。穴有屏，有室，有宇。其宇下有流石，如肺、肝、茄房、人、禽、器物者甚众”。这是柳宗元所记仙弈山岩溶洞穴景观，应该也是目前对柳州岩溶洞穴最早的描述性文字。根据当地文史专家考证，这段文字所记，很大可能就是今天柳州马鞍山腰北面的仙弈岩。“北出其上，有石枰

柳州马鞍山宋代摩崖《仙弈山新开游山路记》拓片（柳州市博物馆供图）

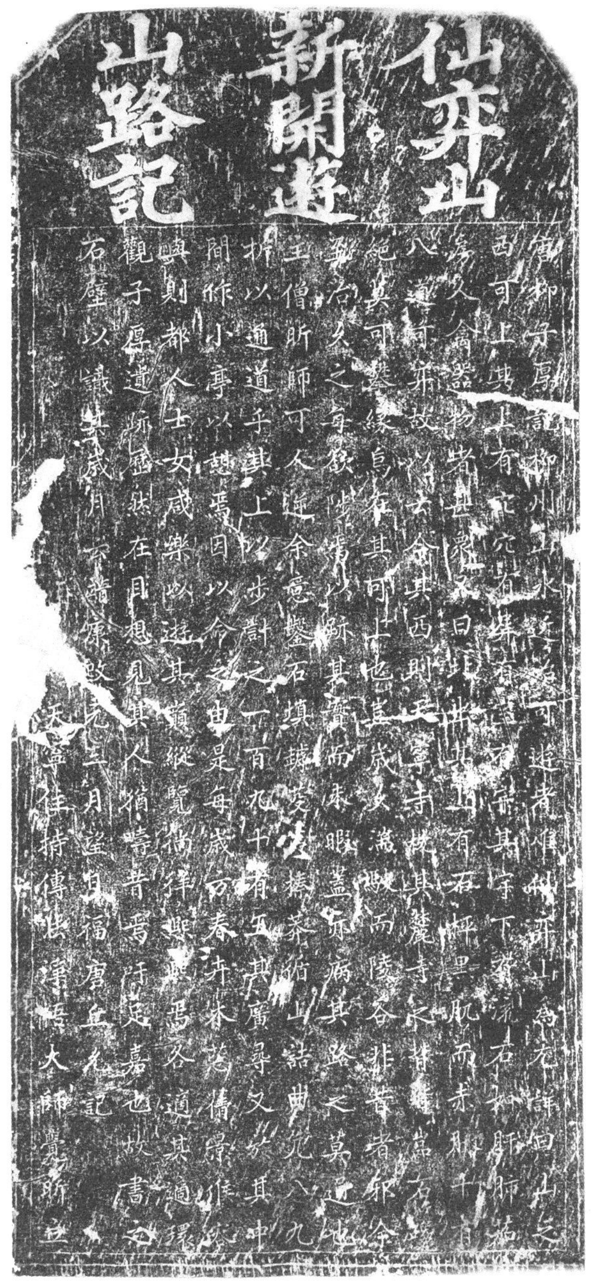

仙弈山新開遊山路記

昔柳子厚記柳州山水近治可遊者惟仙弈山爲危詳回山之西可上其上有穴穴有屏有室有宇其宇下有流石成形師猶房又飴嚣物者甚衆又曰此山有石枰黑肌而赤脉十有八道可弈故以云今其西則天寧寺據其麓寺之背岩石絶其可登緣鳥在其可上也是歲又蕩殿而陵谷非昔者郄今雖存久之每欲陟高以跡其奇而未暇蓋亦病其路之莫追也主僧昕師可人逆余意鑿石塡辮芟茂榛莽循山詰曲凡八九折以通道乎其上以步計之一百九十有五其廣尋丈於其中間作小亭以憩焉因以命之由是每歲方春弈米茫倩侶作侣與則都人士女咸樂以遊其巔縱覧猶徘徊顧焉各適其適殊觀子厚遺跡歷然在目想見其人猶壽昔焉詩是嘉也故書以石壁以識其歲月云紹興元年三月望日福唐丘充記

天寧住持傳法淨悟大師覺□立

（按：枰，棋盘），黑肌而赤脉，十有八道，可弈，故以云。”这段文字点明了仙弈山名称之由来。根据柳宗元所描述，洞穴面北而出，再向上，会见到一方石棋盘，黑色质地而有赤色的纹理十八道（现在所用的围棋为十九道线），可以用来下棋。由此可知“仙弈之山”的传说由来已久，仙人在此山对弈，去后空遗棋盘。传说与山的名称，至迟在柳宗元任柳州刺史之前就已经出现。紧接着丘允笔锋一转，讲到了新开游山路前，仙弈山西麓的状况。当时有一座天宁寺，就在仙弈山西麓，寺后都是陡峭岩石，攀缘登山非常困难。或许是年代旷远，地形地貌发生改变，当年柳子厚由西面登临仙弈山的道路已经消失了。

丘允在《仙弈山新开游山路记》当中表现出了想要登临仙弈山“以迹其实”的愿望，但一直因“其路之莫通”未能实现。天宁寺住持觉昕大师按照丘允的想法，“凿石填罅，芟除榛莽，循山诘曲，凡八九折，以通道乎其上”。工程量其实并不算小，“以步记之，一百九十有五，其广寻”。宋元时期五尺为一步，一尺合今 31.68 厘米，八尺为一寻。也就是说，当时新开的仙弈山游山路，按现在的长度单位换算，总长约为 308 米，道路宽度约为 2.5 米，循着山势而上，有八九折。依“凿石填罅”这一信息分析，当时的路面或为砂石与泥土混裹。不只如此，觉昕大师还在新开游山路中段建有亭，供游人休憩。亭名也是因建于游山路的中段而来，现在究竟为何已无法确定，或为“半山”“百步”之类的常见之名也未可知。无怪乎丘允在记中直言，“主僧昕师可人”。

丘允与觉昕新开仙弈山游山路后，每年春暖花开，柳州百姓都喜欢登临山顶观光，从文中“熙熙焉”看，循山路游春踏青的人不少。不同的人有不同的游览目的，各适其适。丘允则是“环观子厚遗迹”“想见其人”。柳宗元也许并不能想见后世这样的情况——他在柳州游览过的地方，会被开发成为热门的旅游景点。在宋代，随着丘允、觉昕游山路的新修，仙弈山无疑成为当时柳州城附近最为优质的旅游景点。柳州市区现存的宋代摩崖石刻，绝大多数集中分布在马鞍山西麓往仙弈岩一线，就是一个最好的证明。

宋代有寻访名贤古迹的风尚，苏轼、王安中、晏殊等人对柳宗元推崇备至，后代文人但过柳州必对柳宗元进行拜谒追缅，从仙弈山新开游山路到再后来的驾鹤书院、三相亭等景观，均由后世缘柳文览胜的追慕者所创。明代大旅行家徐霞客亦曾慕名寻访柳宗元笔下的仙弈山，当时人们因其形似马鞍而名，山下人家已不知“仙弈”之名。徐霞客对此做了认真的考证。

柳州的山水旅游文化，本质上是缘柳宗元游迹发生、发展、演变形成。如今柳州城厢一带名胜，尤不出当年柳文所记，足见其影响之深远。

（陈俊）

青年米芾伏波山游踪

——桂林伏波山宋代摩崖潘景纯、米芾还珠洞题记

在桂林伏波山还珠洞的西壁上，有一件题名石刻，共 14 个大字："潘景纯米黻熙宁七年五月晦同游"。题刻高 59 厘米，宽 50 厘米，行书，字径 9.5 厘米。这大大方方在石壁上题名到此一游的潘景纯、米黻到底是谁？米黻就是宋代大书法家米芾吗？

是的，米黻就是米芾，准确地说，是 40 岁之前的米芾。米芾（1051—1107），初名黻，后改芾，字元章，号鹿门居士、襄阳漫士、海岳外史等，世称"米南宫"。其人天资高迈，个性萧散怪异，举止痴癫，与苏轼、黄庭坚、蔡襄合称"宋四家"，曾任临桂县尉、校书郎、书画博士、礼部员外郎等职。米芾早年题字签名都写作"黻"字，他在《〈王子敬帖〉跋》中说："崇宁元年（1102）五月十五日，易跋手装，时以芾字行，适一纪。"一纪就是 12 年，可见用"芾"代替"黻"到崇宁元年已 12 年了。也就是说，元祐六年（1091）开始改为"芾"字，这年米芾 40 岁。

熙宁七年（1074），米芾才 23 岁，他的早期真迹为何会出现在桂林，他又在桂林留下了什么样的故事呢？而且这字的风格不大像米芾传世的其他作品啊。

米芾的祖母侍奉过宣仁皇后，朝中有人好做官，米芾熙宁七年从广东调到桂林任临桂县尉，相当于桂林市公安局局长。当时桂林所处的广南西路刚刚经历了狄青与侬智高的大战，民生逐渐恢复，治安相对良好。在桂林短短数年的官宦生涯，“米局长”的政绩历史没有相关的记载，不过他游山玩水的事却被记录下来了。题刻的三处石刻书法作品也为桂林城增色不少，分别是位于伏波山还珠洞

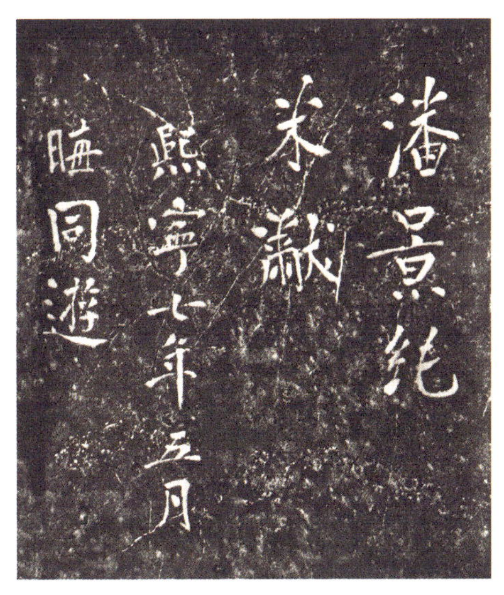

桂林伏波山宋代摩崖潘景纯、米芾还珠洞题记（桂海碑林博物馆供图）

的自画像和题字，位于龙隐岩的《米芾程节唱和诗》。由于米芾的墨迹和碑刻存世非常稀少，而在桂林一地却有三件，这几处真迹也就成了桂林文化的重要“金字招牌”。据南宋嘉定八年（1215）广西转运判官方信孺在米芾《还珠洞题名》旁刻的《米芾自画像》跋语中说：米芾在桂期间，与友人游览山水、鉴赏书画、论诗作画，为资庆寺住持和尚的诗集作序。任期满后，米芾并未马上离开桂林，而是寓居在西山资庆寺有半年之久。还珠洞题名是他和友人潘景纯游览伏波山时所刻，时年 23 岁。潘景纯，时任桂林县令，米芾另有《送潘景纯》一诗：“五年相遇一行频，笑佩笭箵望塞云……此别固应尤作恶，天涯老去与谁群。”或许二人是同时离任，而米芾因在资庆寺滞留未归，所以先送别潘景纯。熙宁七年（1074）农历五月三十日这一天，米芾与潘景纯共同游览了伏波山还珠洞，还珠洞江水环绕、奇峰如削，传说东汉伏波将军马援曾在这里试剑。二人同官桂林，分离之际同游山水，赋诗题字，因此有了这件题刻。这也是现存最早的米芾碑刻书法，是一件难得的书法珍品，对研究米芾早期的书法风格和其书法艺术的演进意义重大，近千年来一直让桂林人引以为傲。

“宋四家”，若论体势骏迈，米芾当属第一。他擅长篆、隶、楷、行、草等多种书体，以行书的成就最高，又长于临摹古人书法，可达到以假乱真的程度。可惜他流传下来的早期作品相当少，传世名迹如代表作《苕溪帖》《蜀素帖》书于 1088 年，他 37 岁。还珠洞里的这件米芾早期游记“题名”，弥补了历史的缺憾。虽然还没有达到后期那种博采众家之长、自成一家的境界，但这件石刻以稍长的字形取其纵势；行笔稳重，转折方圆兼备，笔法天真率直，充满生气；风格瘦硬又极具弹力，并在险峻瘦硬中求圆润。整篇作品可以明显感受到其书法受到唐代著名书法家褚遂良书风的影响，同时略具欧体瘦硬险峻和“二王”飘逸散朗、情驰神纵、欹侧多姿的神韵。可以说米芾学习诸家，在这件石刻中也得到了较好的反映。虽然此时距米芾成熟的风格还有一段距离，但全篇基本没有平直笔画，其一横一竖均在寻求一种力量和姿态上的变化，体势上略右倾，结体散而不松，疏而不稀，跌宕欹侧而不失稳重之感。“刷字”是米芾对自己书法的评价，米芾也曾评价同朝的几位书法家说：“蔡京不得笔，蔡卞得笔而乏逸韵，蔡襄勒字，沈辽排字，黄庭坚描字，苏轼画字。”而“刷字”，意味着米芾对自己的速度、技法及对文字的理解十分自信。

除了书法，米芾还是第一位有文献记载的绘写桂林山水的画家。在桂林任职期间，桂林的青山绿水、奇峰异洞让米芾目不暇接。米芾曾经作《阳朔山图》，在题跋中，米芾这样说：“余少收画图，见奇巧皆不录，以为不应如是。及长，官于桂，见阳朔山，始知有笔力不能到者。向所不录，翻恨不巧矣。夜坐怀所历，作于阳朔万云亭。”美丽的桂林山水开阔了米芾的眼界，他以变化莫测的画笔，把他对桂林山水的理解，对书画艺术的感悟和追求都融于笔端，绘制了中国历史上的第一幅桂林山水图——《阳朔山图》。遗憾的是，《阳朔山图》失传于明末，我们只能从文献记载中想象其神韵了。

（江朝辉）

千年前的书法家石刻画像

——桂林伏波山宋代摩崖方信孺刊刻《米芾自画像记》

在伏波山还珠洞的米芾题名石刻旁边，有一方刻有米芾画像及相关说明文字的石刻，是宋嘉定八年（1215）方信孺刊刻的《米芾自画像记》。米芾题名石刻是在熙宁七年（1074），一百余年后方信孺为何又把米芾的画像刻石呢？书画大家米芾的画作在元以后就难寻真迹，这画是其真迹摹刻的吗？

方信孺（1177—1222），字孚若，号好庵，兴化军（福建莆田）人。据历史记载，方信孺于南宋宁宗开禧年间（1205—1207）出使金国，“以口舌折强敌”，大义凛然，不辱使命，为弱势局面下南宋争取到了难得的尊重和权益，因此名垂青史。方信孺于宋宁宗嘉定六年（1213）至桂林，先后提点广西刑狱和广西转运判官，

● 桂林伏波山宋代摩崖《米芾自画像记》拓片（桂海碑林博物馆供图）

公事之余遍游桂林山山水水。桂林城的大小山头、岩洞，方信孺几乎探赏屐遍，共留下25件石刻作品，体裁有题名、题记、题诗、题榜等，书体楷行隶篆兼备，是历代在桂林留下题刻最多的人。此外，在兴安严关、乳洞，鹿寨西祖岩，柳州马鞍山白云洞，柳江三都卧云岩等处，亦有其题刻。

嘉定八年（1215）八月，方信孺向其幕僚（也就是米芾曾孙米秀实）借来《米芾自画像》，摹写镌刻于桂林伏波山还珠洞，位于米芾题字“潘景纯米黻熙宁七年五月晦同游”旁边，并作《宝晋米公画像记》，以记其事。

《米芾自画像记》石刻高120厘米，宽50厘米，由四部分组成，最上方是宋高宗赵构的行书赞语：“襄阳米芾，得名能书。六朝翰墨，渔猎无余。骨与气劲，妙逐神俱。风姿奕然，纵览起予。”字径2厘米，四行八字。赞语前有乾卦圆玺，径2.6厘米，后上方有“绍兴”连珠小方玺，径1.7厘米，后下方有“御书”方玺，径4.2厘米。赵构当皇帝不合格，可在书画艺术世界里是毫无疑问的大家，他在字里行间对米芾书法赞不绝口，认为其兼具骨、气、妙、神。石刻中间为米芾自画像，据说此像是米芾自己对着镜子画的，一直被当成米氏家族的祖宗真容而供奉。画像高41厘米，宽32厘米。画像中米芾是正面全身立势，面庞饱满，右手两指伸出，若有所指，首有冠，衣有缘，仿佛有刺绣文，宽袍大袖，鞋头微翘，胡须、衣袖、裙摆等随风飘起，尽显米芾潇洒不羁、风神飘逸之气。此画像虽为临摹之作，但造型简洁，线条流畅劲健，神态逼真，自然生动，隔着石头都能感受到米芾的神韵，有呼之欲出之感。右边则刻有米芾儿子米友仁的行书跋语："先南宫戏作此小像，真迹今归于御府。友仁书。"字径 2 厘米。米友仁很明白地告诉大家，这画的真迹被赵宋皇家收藏，那方信孺临摹米巨秀家藏米芾"自作小像"又是从哪里来的？从"友仁书"这三个字我们推断出这画是在真迹入皇家收藏前临摹的，这跋语是临摹后的题字，若是为宋高宗内府收藏鉴定而题跋，就应该是"臣友仁书"。而且赵构的"绍兴"和"御书"石刻上的所押位置和其收藏的其他书画印鉴位置不相同。方信儒在画像下面的《宝晋米公画像记》中也承认："像刻伏波岩公题名之左，且以高宗御制碑本像赞冠焉。"可知，高宗的像赞、印玺是方信孺从高宗的其他碑本中拓印过来的。

自画像的下方为方信儒的《宝晋米公画像记》，真书，径 1.8 厘米，19 行，每行 29 字。文章的前半部分记载米芾的生平，文字皆来源于蔡肇的《故宋礼部员外郎米海岳先生墓志铭》，后半部分记载米芾官桂林的故事和此石刻刻石的始末，"洎来桂林，复得《僧绍言诗序》及伏波岩《与潘景纯同游石刻》，乃知公尝尉临桂，秩满，寓居西山资庆寺……""信孺将漕于桂林，公之曾孙□秀，实为静江府□□支使，藏公自作小像，有小米题字。"方信孺久慕米芾其人，在游览伏波山还珠洞时，看到了米芾的题刻，深感可贵，故在米芾题字旁边以米芾曾孙米秀实收藏的画像刻石，"使来者尚可以想象其凌云御风之高致"。虽然是以米友仁的摹本刻石，但画像人物依然"唐巾深衣""姿度瑰伟"，潇洒自得，也显示了方信孺相当高的绘画功力。

自此，米芾、米友仁、赵构和方信孺四位宋代大家的墨宝齐聚桂林伏波山岩壁，又和米芾早年的题刻并列于一崖之上，更是绝版，成就了一段书坛佳话。米芾所有的画作至今已无真迹，这石刻中的画像是出自下真迹一等的米友仁摹本，而米友仁又较完整地继承了米芾的画风，在绝无真迹流传的今天，这是国内目前能确认的唯一的米芾绘画作品，可谓弥足珍贵。

作为题刻桂林石刻最多的人，方信孺在桂林最有创意的摩崖石刻当为刻于栖霞洞洞口处的“方信孺游”四字题名石刻。篆书，石刻高 167 厘米，宽 167 厘米，字径 8.3 厘米。“方信孺游”四个大字石刻布局成一枚印章的款式，独具匠心，在桂林两千多件石刻中绝无仅有。七星岩的山水、石刻和作者共同构成一幅“画”面，真山真水即是这“画”中山水，“方信孺游”就是钤印在“画”中的印章，作者仿佛是这“画”中游人，山水之貌与作者之情俱在，石刻犹如一方巨大的印章，钤于山崖石壁，至此已衍成山水间的铭记。

（王正刚）

封疆大吏上山过生日

——桂林隐山清代摩崖阮元《隐山铭》

在桂林隐山北牖洞口，有一块清代体仁阁大学士阮元留下的《隐山铭》摩崖石刻，说的是嘉庆二十四年（1819）农历正月廿日阮元在隐山游玩，描写隐山风光一事。农历正月廿日是阮元的生日，这年阮元56岁，官至两广总督，正是仕途显赫之时。人们过生日时一般都邀请亲朋好友欢聚一堂，开心热闹一番，阮元为什么要故意避开前来祝寿的客人呢？他是一向如此还是故作姿态呢？

阮元（1764—1849），字伯元，号芸台、雷塘庵主，晚号怡性老人，江苏仪征人。乾隆五十四年（1789）进士，先后任礼部、兵部、户部、工部侍郎，山东、浙江学政，浙江、江西、河南巡抚及漕运总督、湖广总督、两广总督、云贵总督等职，历乾隆、嘉庆、道光三朝，体仁阁大学士，太傅，谥号文达，在经史、数学、天算、舆地、编纂、金石、校勘等方面都有着非常高的造诣，被尊为三朝阁老、九省疆臣，一代文宗。阮元作为扬州学派

的中坚人物、乾嘉学派强有力的殿军和总结者，著书立说，开办书院、提携后进，被誉为“身历乾嘉文化鼎盛之时，主持风会数十年，海内学者奉为山斗焉”，对清代学术做出了重要贡献。阮元60岁时，龚自珍撰文对其所取得的学术成就进行了比较全面的总结，盛赞阮元的训诂之学、校勘之学、目录之学、典章制度之学、史学、金石之学、术数之学、文章之学、性道之学、掌故之学等，称其“凡若此者，固已汇汉宋之全，拓天人之韬，泯华实之辨，总才学之归”。

这样一个在政治、学术上都是扬名青史的人物，他的生日又有什么独特的地方呢？我们先来看看刻在桂林隐山的摩崖石刻。

摩崖石刻在桂林隐山北牖洞口，清仁宗嘉庆二十四年（1819）刊。碑文完整，字迹清晰。碑高72厘米，宽43厘米，正书，字径3.5厘米。据郭明道《阮元评传·附录》之《阮元年表》记载：“嘉庆二十三年十二月，（阮元）至广西省，驻独秀书院。”第二年的农历正月廿日，阮元56岁生日。依清代常例，地方总督过生日，皇上总有赐赏，属下更是要张罗庆贺的。对皇上的赐赏，阮元当然喜欢，也乐意接受，但对属下的庆贺，阮元却尽量回避，以防不正之风由此而生。那天他远离官府，身处隐山，躲避客人拜谒，以求一日之清静，并创作《隐山铭》及序，

桂林隐山清代摩崖《隐山铭》（桂海碑林博物馆供图）

隱山銘　元生辰在正月廿日近年所駐之地每于
是日避客獨往山寺嘉慶廿四年元歲五十有六是
日避客于此山覓得六洞竟日始返竊以為此一日
之隱也爰作斯銘　揚州阮元
士高能隱山靜延壽潛之主名闢此奇秀一山盡空
六洞互透不鑿自通雖探莫究穴無雨来岩如天覆
虛腹開潭垂乳滴溜寒澈鏡奩響傳壺漏引月入峽
吸雲穿竇磴曲風摶泉清石漱仰辟藤垂摩崖苔繡
追憶古香桂叢秋瘦招隱巖前朝陽洞右涼堂北開
高亭東構獨出春城靜觀清晝曉嵐入懷夕陽滿袖
一日小隱千年古岫何人能復古湖之舊

勒石于隐山北牖洞口。身为总督，生日避客，以正风气，实属难得。而且《隐山铭》是一首四言古体诗，唐宋以后，文人很少写这类诗歌，这是阮元在桂林创作的最重要的诗歌石刻作品，用力最多，且与官场局势紧紧相连，堪称其总督两广时的代表作。作品既反映了他不受拘束、追求自由、喜欢用典的诗歌创作风格，还反映出他对当时官场恶习的痛恨，洞照出他总督两广期间正直的为官之道、为学之风和人格品行。

在阮元的文集《揅经室集》中，亦有《桂林隐山铭·并序》一文，内容却与碑刻序文略有不同：

余生辰在正月廿日，近十余年，所驻之地，每于是日效顾宁人谢客，独往山寺。嘉庆廿四年，余岁五十有六，驻于桂林。是日策数骑，避客于城西唐李渤所辟之隐山，登降周回，串行六洞，煮茗读碑，竟日始返。窃以为此一日之隐也，爰作铭辞，刻于北洞。

铭文后又补文字说明："隐山唐在西湖中央，有荷有舟，境地更奇，今为田矣。"通过比较异同可以看出，后来收入《揅经室集》中的《桂林隐山铭·并序》增加了"效顾宁人谢客"的典故，表明阮元生日谢客避寿这一行为是效仿明末清初的大儒顾炎武先生的，这一叙述让我们对阮元避客行为之缘起了解得更为清楚。此文另有隐山的历史变迁，主要是考虑文集预期的读者群是有一定文学素养的文人，因而提高了文字的修饰程度、思想性与可读性，而石刻面对的多数是普通大众，考虑的是老少皆宜，要普遍可读。且读文集者未必能亲临其境，故略为补充隐山相关地理要素。隐山于唐代宝历、大和年间由任桂州（今桂林市）刺史兼御史中臣、桂管观察史李渤开发，当时隐山被西湖环抱，湖中莲藕成片，荷花盛开，隐山隐没其中，故名隐山。山中有六洞，洞洞相连，乃八桂岩洞最为奇绝处。李渤有七绝《留别隐山》："如云不厌苍梧远，似雁逢春又北归。惟有隐山溪上月，年年相望两依依。"今在隐山北牖洞东侧。

这一年生日阮元避在隐山，那平常阮元过生日时也避客吗？据史载，这并非他一时沽名之行，而是十年如一日洁身自好、律己修身的常态。道光三年（1823），阮元时任两广总督，值其六十大寿，道光帝亲笔御赐"福""寿"二字，阮元携家人往抚署东园湛清堂之万竹林，如在桂林隐山一样煮茶看竹，至晚方归。阮元称这是"一日之隐"，又名"竹林茶隐"，他还绘制《竹林茶隐图》并题诗云："传神入画青垂眼，揽镜开奁白满须。二十余年持使节，谁知披卷是迂儒。"据考，阮元自 40 岁生日起就开始避客，此后"每于是日避客，独往山寺"，成为阮元过生日的一种特殊方式和习惯。他以崇尚清静简朴、清廉洁己的品格和行为，树立了清正高洁的为人风范。

总的说来，阮元为官数十年，名声较好，政绩卓著，官运亨通，这和他为人宽厚、洁身自好是分不开的，隐山北牖洞的《隐山铭》就是他人格的真实写照。

（王正刚）

總鎮兩廣御馬監太監潘公以蓋息民安干戈偃戢乃商手綜
田遺學務不生塵墮可葉冰井古刹滅為靈區歲久侵陵泉源湮塞
咸可之公遂捐
贖材植募匠工重為鼎建其所費不耻于官不科于民凡茂之就
隨庵不爭先趨赴圖有息息乃闢基高廣倍古中建佛堂三間金
也殿前為山門三間塑四天王關出入也就門翔繞迴廊各十二
殿北構堂三間題曰塵外風光備遊憩也堂東方丈三間附以廚
則遶井為甃砌方滌灕蕩漾澂潔便民汲也井北石磴逼峻而上建鐘
晉一閣以貫鎮山閣之西北緣嶮覓幽構亭一楹爽朗軒豁題
也閣之東北爽山中有塊長二百丈餘來雲山石峽之澗漱流再
嘉蔬沼北舊有汙池一方津注兩泉之餘瀝殿東門左紙爐碑亭
彩命僧圓芝常住于此以便焚修公出處其所恒給香火白金購
有待隆霞浮駁道樵蘇有林蔬食有圃作善之心益且密矣工畢
太保公書聘來梧得接公友愛因命為記予惟天下之利莫水若
者亦豈易致哉必俟大有為之才居大得為之位乘大可為之時
相之質總鎮兩廣是有大才而居大位矣方今粵草綠抽根煙
之下飲泉之人觀井興懷亦必有甘棠之頌豈獨元子專美于唐

往事与传说

无缘识得真仙

——桂林南溪山宋代摩崖欧阳辟《唐少卿遇仙记》

中国历史上的求仙长生思想源远流长，史料记载的遇仙、成仙故事层出不穷，绵延不绝，成为中国历史文化的一部分。因地处边疆，文化传播不易，广西本地人求仙遇仙的传说故事直到宋代才大规模出现，其中南溪山就有两个，一个是桂林本地人刘仲远在刘仙岩成仙的故事，一个是桂林灵川人欧阳辟记叙的唐子正遇神仙的故事。

欧阳辟，字晦夫，是灵川第一个考取科举的进士，生卒年不详，自幼聪颖好学，会弹琴、擅书法。至和年间（1054—1056）曾与弟欧阳简一起从学于梅尧臣门下，深得梅尧臣称赞。嘉祐三年（1058），欧阳辟学成南归，梅尧臣曾做《送门人欧阳秀才之

桂林南溪山宋代摩崖《唐少卿遇仙记》拓片（桂海碑林博物馆供图）

唐少卿遇仙記

唐者作主桂林人幼志至道學於玄山訪諸[illegible]

一日有異道人下通邑氏相過亦於其日前往[illegible]

歎曲乃赴治平初官趙京調授至全州中途一僕夫[illegible]

偶病不能行為役遇是道人來詢問其故遂代病僕[illegible]

荷重擔前進勁者健羽翔輕焉疾迅常先百步外同[illegible]

年隨其道去至道之道人能別即日至全州二十五百[illegible]

餘里已到唐州湖陽驛留宿曰驛吏曰懼桂州唐秀[illegible]

才至驛何之夜月餘方抵驛舞出元蒼面題五言[illegible]

桂州唐秀才歸直子詩封唐客寸進一詩曰[illegible]

玄山相見又一人全不逢先生道來緣大抵有心來富[illegible]

到頭無分學神仙匣中靈藥宜頻服鼎內丹砂[illegible]

安傳詩得角龍為識會好來黃堅御[illegible]泉唐大[illegible]

請其形狀即全州所[illegible]道人也留三日之日即全州[illegible]

所遇日也始悟為神仙所[illegible]傳得其歲在丙辰之[illegible]

職陌城戮[illegible]書于州治中[illegible]壁所謂角龍[illegible]

聖也贈句[illegible]卿紹聖三年五月甲午[illegible]州歐陽[illegible]

記[illegible]無物[illegible]勒[illegible]此人嚴[illegible]以示其[illegible]

江西》诗赠别："客心如萌芽，忽与春风动。又随落花飞，去作西江梦。我家无梧桐，安可久留凤。凤巢在桂林，乌哺不得共。无忘桂枝荣，举酒一以送。"然而时运不济，直到三十多年后的元祐六年（1091），欧阳辟才得中辛未科进士，此时梅尧臣已驾鹤西去三十年了。考取进士后，欧阳辟任雷州石康县令（县治在今广西合浦东北）长达6年。元符三年（1100），苏轼从儋州遇赦北还，途经雷州，见到了在石康的欧阳辟。此时的苏轼已年过六旬，得到大赦后匆忙北归，欧阳辟送了几件生活用品给他：一方名唤"接篱"的素白头巾，一件竹制的琴枕，分别是欧阳辟妻子和儿子亲手制作的。苏轼赠以《欧阳晦夫遗接篱、琴枕戏作此诗谢之》诗。此外苏轼又有《梅圣俞之客欧阳晦夫使工画茅庵，已居其中，一琴横床而已，曹子方作诗四韵，仆和之云》《欧阳晦夫惠琴枕》（见《苏轼诗集》卷二十五）等诗，及《与欧阳晦夫》（见《苏轼文集》）等书信。可惜欧阳辟的诗文大多没有流传下来，现存词一首，存文一篇，就是摩崖在南溪山上的《唐少卿遇仙记》。

《唐少卿遇仙记》摩崖石刻在南溪山，高76厘米，宽55厘米，楷书，字径1.5厘米。

这篇文章非常像唐代的传奇小说，叙述宛转委曲，描写细腻多样，在人物塑造、结构处理和时空把握上可圈可点。先说唐子正在桂林曾结识一云游道人，两人谈得十分投机。后来唐子正赴京，到全州时他的仆夫生病不能挑担，又遇到那位道人。道人主动要求帮挑担，速度比得上唐子正骑马。唐子正怕道人挑担逃离就辞谢了道人。结果道人一天走了两千多里路，到唐州湖阳驿留信给唐子正，大意是尽管我们相识，但没有道缘，你只能去求富贵，很难去学仙，当有角龙之日，你会归卧于林泉之下。道人离去一个多月后，唐子正才到达唐州驿馆，见到道人留书，才知道遇见仙人。四五年后，唐子正到邕州任职，遇交趾叛乱，力战至城破，遇害于横壁亭。死后，朝廷嘉悼赠司农少卿。

据明宣德《桂林郡志》载："唐子正，字几卿，其先临淄人，幼力学，治平初举孝廉，授将作监生簿。"唐子正曾在桂林读书求学，可能和欧阳辟有交往，或者欧阳辟听人谈论过唐子正遇仙的故事。绍圣三年（1096）正月二十日，年迈的欧阳辟带着孙世则一起游山，在叠彩山和时任广南西路提点刑狱的曹辅偶遇，曹辅有《同欧阳晦夫邂逅游风洞绝句》并在叠彩山风洞刻石。欧阳辟还在这天一并游览了南溪山并写下《唐少卿遇仙记》一文。

文章写下来后，就刻在南溪山刘仙岩，大概因为刘仙岩是一个有仙迹的地方，北宋时桂林著名道士刘真人在这里羽化而去。后来，桂林以南溪山为中心兴起了遇仙传说热潮，有人为刘仙刻像，有人在岩洞中隐居求仙，还有道民在岩下建道观，助推了桂林本地道教文化的发展。

唐少卿和刘仲远在遇仙后的命运截然不同：那位云游道人诚心帮人，唐子正却对他多有疑心；而刘仲远一直诚信助人，最后得道成仙。这两个故事并列于一个岩洞中，也许是对心诚则灵的一种暗示吧。

（王正刚）

双山之间梵音千年

——柳州马鞍山宋代摩崖王安中《新殿记》

《新殿记》摩崖，位于柳州市马鞍山西麓灵泉寺后。为宋代宰相王安中撰文并书，绍兴二年（1132）四月十七日天宁寺住持净悟大师觉昕刻石。石刻纵 222 厘米，横 214 厘米，通篇楷书，运笔沉稳，结体端方，字径约在 8.5 厘米。石刻左下方“觉昕刻石”的名款后还有五个小字“桂林蒋善镌”，不近前来，往往容易忽略。这方石刻的落款不仅有高僧名宦，还有布衣匠人，它是柳州摩崖石刻当中极其稀少的落匠人名款的作品。

王安中（1075—1134），字履道，号初寮，中山阳曲（今山西太原）人，曾师从苏轼、晁说之问学。宋元符三年（1100）进士。官至尚书右丞，靖康初贬象州，绍兴年间曾流寓于柳州，后复任左中大夫。觉昕，法系临济宗九世，南岳十三代。北宋绍圣初年师从慕喆法师游京师，居法云、慧林、智海诸禅寺。北宋末年至柳州天宁寺，为住持传法净悟大师。《新殿记》摩崖，对研究唐宋时期柳州佛教的发展史，具有极其重要的史料价值。

柳州马鞍山宋代摩崖《新殿记》拓片（柳州市博物馆供图）

王安中《新殿记》开篇溯源，将当时禅寺的地理环境、历史沿革做了一番描述。时柳州城治在北岸已近五百年，所记新殿属天宁万寿禅寺，崇宁年间（1102—1106）由灵泉寺更名而来。灵泉寺在元祐三年（1088）就已经成为“十方寺院”（又名“十方丛林”，通常指禅宗寺院，院产为全国宗教徒公有，有传戒特权而不得私收徒弟，寺院规模等级、日常管理均有规制，寺院经费多能得到官府支持）。据《柳州市志》：“灵泉寺始建于唐代，在马鞍山西麓梓潼岩前。寺临小龙潭，潭水澄碧，清冽甘美，古称灵泉。寺因以得名。”

王安中紧接着对灵泉寺的历史进行了调研求证。他参考柳宗元《柳州山水近治可游者记》《柳州复大云寺记》两篇文章，并未找到唐代灵泉寺就已经存在的文字线索。当地长者说过去的灵泉寺非常简陋，后来“变律为禅”，才开始大兴土木。唐代中国佛教以律宗为主导，宋代禅宗占了主导地位，很多律宗的佛寺院逐渐向禅宗过渡，灵泉寺也是如此。禅宗建寺是有规划的，根据寺院不同的规模来确定等级，“十方”就是较高的等级。灵泉寺“大作门堂楼殿”，就有“欲以冠冕南方”之志，元祐三年终为“十方”，经崇宁中更名“天宁万寿禅寺”，至绍兴二年（1132）王安中写《新殿记》，历45年。经过这么长时间的建设，工程竟还有十分之一未能完成，可见从灵泉寺到天宁万寿禅寺，它的建设是有长远规划的，工程也依照方案步骤推进实施。

在吊足读者胃口之后，大家都会好奇，历时45年或可能更久的寺庙建设工程，将会是个什么样的规模？可王安中话锋一转，讲起天宁寺住持觉昕建炎初年（1127）在象州拜访自己，提出请作《新殿记》的事。

王安中曾任尚书右丞，身居高位，要他为一座寺庙新殿作记，谈何容易。他相应地对觉昕提出要求："昕尝从真如慕喆游京师，居法云、慧林、智海诸禅，能仿佛乎？"觉昕师从高僧慕喆，在慕喆晚年随侍游学于京师，在法云、慧林、智海等著名禅寺修行习法。王安中向觉昕提出，天宁寺几年后的建设发展水平，须得达到能与之前提及的几所国内著名禅寺比肩的期许。

觉昕的能力是得到过地方长官充分肯定的，《仙弈山新开游山路记》中，郡守丘允就大赞"昕师可人"。此次觉昕果然也不负所望。六年后，王安中来柳，大殿刚好落成。于是王安中与同时在柳的另两位前宰相吴敏、汪伯彦登临后山钓轩，"俯视殿宇而壮之，以为广右第一。"

"广右第一"，是"三相"登临钓轩俯瞰天宁寺建筑群后发出的赞叹。"广右"，宋代指的是广西或进而涵盖整个岭南的地域范围。"广右第一"，在当时三相眼中是个什么样子？《新殿记》将天宁寺与岭南诸禅寺对比，做出这样的描述："柳距京师六千里，独能于空山野水间兴此伟杰胜丽之观，移人心目，忘其去国之远。撞钟出迎四方来栖之士，指以千计。"首先是对天宁寺的建筑水平予以充分肯定，再就是说到天宁寺的建筑规模，禅寺有接受临时挂单僧人的惯例，也有接待各地往来官员、信徒暂住功能，拿现在的话来说，天宁寺当时除了本寺人员，还可以同时容纳千人临时居住。于是王安中欣然作记并书，又为新殿榜书"能仁之

殿”。《新殿记》末，录王安中偈言133字，现实与虚幻相结合，充满瑰丽想象，祈风调雨顺，国泰民安。

绍兴七年（1137），天宁寺改名“报恩光孝禅寺”。紧挨《新殿记》摩崖，还有一方小的题名摩崖《郑镇盎斋》。郑镇，字处厚，宋道至淳熙年间在柳州任职，晚王安中《新殿记》撰文时间三十多年。盎斋，当为在寺庙的盥洗之所。也就是说，三十多年后，天宁寺还有专为某些重要客人而设的盥洗之所，可见规模不减当年。该寺明代又更名“灵泉寺”，万历年间（1573—1620）曾经募款重修，有《募修灵泉寺小引》为证。由此可知，天宁寺自宋代“变律为禅”之后，发展为岭南第一禅寺，至少兴盛了百年，此后屡废屡建，但寺庙选址始终在《新殿记》摩崖下旧址附近。

2006年8月—10月，柳州市博物馆考古部会同广西文物考古研究所在灵泉寺旧址区域进行抢救性发掘，出土文物有唐宋时期砖瓦、宋代至明清瓷片200余片，其中“天宁”铭文铜镜残件更是与马鞍山麓的《新殿记》摩崖相互印证。这一发掘成果，也将原地保护灵泉寺遗址和重建灵泉寺的项目提上了日程。2014年，新的灵泉寺建成，大雄宝殿前，游人抬头可见大殿辉煌佛陀宝相，俯首透过钢化玻璃罩，亦可窥见古灵泉寺遗址真容。

缘何“立鱼山趾，寺蔽于仙弈山之腋”，双山之间，佛音得传千年？也许正如王安中在《新殿记》正文之末所言：“道法废兴，虽若有数，而愿力之至，为无不成，道岂远人乎哉？”

（陈俊）

桂林“升仙”第一人

——桂林南溪山宋代摩崖《天台张平叔真人歌赠桂林白龙洞刘道人》

桂林南溪山有两个修道升仙的传说，山北是白龙洞里白龙升天，山南是刘仙岩里刘道人升天。刘仙岩里的刘道人究竟是何许人，又是如何演化出这种神奇的故事呢？这事还得从山上的宋代石刻《天台张平叔真人歌赠桂林白龙洞刘道人》说起。这件石刻提到的张平叔真人是道教南宗初祖张伯端。

张伯端（983—1082，一说984—1082），天台（今属浙江）人，字平叔，号紫阳山人，人称“悟真先生”“紫玄真人”“紫阳真人”。自幼博览群书，涉猎三教经书，及刑法、书算、医卜、战阵、天文、地理、吉凶死生之术。嘉祐二年（1057），原本是府吏的张伯端忽然悟道，“一家温暖百家怨，半世功名半世愆”，于是看破功名，烧毁案上文书，却以“火烧文书”罪谪戍岭南，从此走上访道修仙之路。治平初年（1064），陆诜任桂林知州，张伯端掌管机要，陆诜改知成都时，又随往。熙宁二年（1069），

随陆诜往成都天回寺，遇异人得金丹火候之诀。晚年返台州，居桐柏山崇道观，广授道徒，卒于百步溪，被奉为“全真道南五祖”之一。而石刻中赠歌的刘道人，就是传说在桂林南溪山刘仙岩升仙的刘仲远，自号大空子。刘道人的生平在石刻中也有简单的记载。作为桂林本土“升仙第一人”，桂林群山之上关于刘仲远的石刻有数十处，其中影响较大的是《天台张平叔真人歌赠桂林白龙洞刘道人》这件石刻。

这件摩崖石刻高 169 厘米，宽 147 厘米，正文正书，字径 4.5 厘米，碑额“张真人歌”，隶书，字径 12 厘米，款径 1.5 厘米。全文 500 余字，内容开篇叙述人生苦短，紧接着阐述长生不老的修炼秘诀，如何求赤血、制阴精，怎样通过十月脱胎使凡躯有灵，如果一旦遇见仙骨缘分就不要错过，宜速炼，主旨就是劝说刘仲远修仙炼道。最后一段说刘仲远此人有仙缘，所以能得遇真传。

张伯端倡导“三教归一”，在道教传统命功的基础上，引入儒家“穷理尽性”和佛教“达本明性”的心性修养方法，将隐匿在金丹术中的内丹妙道和盘端出，形成“性命双修，先命后性”的南宗丹法，推动了中国道教的发展，从这篇石刻中亦能见其思想真谛。

桂林道教兴盛较晚，唐后期的《桂林风土记》记载桂林有东观。到北宋，徽宗自称道君皇帝，还推出道教圣主，桂林也出现了道教热。在嘉祐末年，桂林南溪山就流传着刘仙人的故事，而刘仙岩是桂林最具道教色彩的地方，可以说就是一部桂林道教简史。

桂林南溪山宋代摩崖《天台张平叔真人歌赠桂林白龙洞刘道人》拓片（桂海碑林博物馆供图）

北宋中期嘉祐五年（1060）五月二十八日，广西提点刑狱李师中依照传说到南溪山寻访刘道人仙踪，留下一首《留题大空子隐居》，表达了李师中对修道的感受与认识。绍圣丙子年（1096），广西提点刑狱曹辅和梁子美听说了“神仙灵异古今传”的故事又去寻访，只看见“苍崖乔木耸青天”而已。这些寻仙的官员大多失望而归。而第一块记述刘仙故事的石刻是北宋宣和四年（1122）南溪山上吕渭刻的《养气汤方》。吕渭说方子来自刘道人，但刘道人去世时已118岁，吕渭刻此汤方又过了数十年，他是怎么得到传自刘道人的方子呢？这些细节吕渭没有说，应该是借老神仙之名来说明自己汤方的神奇吧。

南宋绍兴十八年（1148），河南汝阳人邢鲁刻下了南溪山《天台张平叔真人歌赠桂林白龙洞刘道人》，这是桂林与刘道人有关的第二块石刻，说张平叔在北宋治平元年（1064）来桂林，传了刘道人道家内丹仙诀，刘道人得以化仙。第二年，桂林本地一位退休官员陈方彦与几位家乡长老刻下了第三块有关刘道人的石刻。这样，刘仲远因向来就有神仙之传说在本地流传，历代又有官家名流去寻方仙踪，还得到道家高人的传道和桂林本地人的证实，刘仙之名遂日益扩散。

后代文献也多记载其仙踪，如范成大作《桂海虞衡志》：“刘仙岩在白龙洞之阳，仙人刘仲远所居也，石室高寒出半山间。”明代张鸣凤写《桂胜》《桂故》二书，其中《桂故》主要介绍了刘仲远的生平简历，记录了刘仲远人生中两件为人所乐道之事：帅桂官员李师中的题诗和道教南宗祖师张平叔的赠歌。《桂胜》则记录了张鸣凤对刘仙岩景观的描摹与评价。虽然张鸣凤并不相信神仙故事，但这二书客观上对刘仙事迹起到了推波助澜的作用。稍后，徐霞客游桂林也特意去南溪山，《徐霞客游记·粤西游日记》称："刘仙岩与白龙洞东西分向，由山南盘麓而行，相去不过一里，……从观右登级，先穿门西入，旋转逾门上，复透门出，又得一岩，东南向，中肴三仙焉，则刘仙与其师张平叔辈也。"

到了清代康熙三十九年（1700），在桂林本地道人张本真刻的《桂林刘真人歌》里，刘仙的故事基本定型。石刻记载了刘道人的名、字、号，刘道人年轻时卖肉、贩私铅、遇仙道指点人生，后学道、行医，隐居岩洞，得张平叔真人仙诀，寿年 118 岁等内容。这方石刻还把刘道人尸解化仙的时间定为元丰八年（1085）九月，比《天台张平叔真人歌赠桂林白龙洞刘道人》石刻中跋语里记载的刘道人去世的时间晚了几十年——因为张平叔于元丰五年（1082）去世是有史籍记载的，不把去世的时间推后的话刘道人怎么可能得到张平叔的仙诀呢？神仙传说本就是真真假假，往往前后矛盾，但张本真刻石的刘仙故事成了流传最广的版本。

有宋一代，道教风行天下，到嘉祐年间，掀起了学道热潮，远处岭南的桂林也深受影响。刘仲远因高寿又懂医术，其故事也开始流传，经过数百年的发展演变成为道教神仙的标志，成为南溪山的代言人和不朽传奇，备受后人膜拜。如今南溪山刘仙岩依在，仙人只留下传说，唯有遍布石壁上的摩崖石刻在默默述说背后的故事。

（王正刚）

七星岩的别名由来

——桂林七星岩宋代摩崖《尹穑仙迹记》

广西桂林市七星公园内的七星岩以雄伟、宽广、曲折、深邃著称，洞内石乳、石笋、石柱、石幔、石花变幻莫测，组成一幅幅绚丽的图景。七星岩在历史上曾有栖霞洞、仙李洞、碧虚岩三个别名，其中后两个便源自《尹穑仙迹记》这通石刻。

尹穑，字少稷，兖州人（今山东兖州）。建炎中兴，自北归南，与父亲避乱桂林，留下《尹穑仙迹记》等多通石刻。绍兴三十二年（1162），尹穑与陆游同官枢密院编修，《鹤林玉露》记载："尹穑，字少稷，博学工文，杜门读书，不汲汲于仕途，诸公举之，与陆务观同赐出身。"陆游曾作《重五同尹少稷观江中竞渡》诗，并在《老学庵笔记》记载其记忆力超人："尹少稷强记，日能诵麻沙版本书厚一寸。尝于吕居仁舍人坐上记历日，酒一行，记两月，不差一字。"尹穑因主张宋金议和，弹劾张浚被罢官，后侨居玉山（今江西玉山），著有《方斋集》，韩元吉赞其"文章如汉士，家世亦齐人"。《宋史》有其传，《全宋文》收录其

《尹穑仙迹记》等文章13篇，《全宋诗》收录其《庸医行》诗一首。从上述材料我们可以看出尹穑其人略有文名，那他的《尹穑仙迹记》记载了一个什么样的故事？一通石刻为什么让七星岩有了两个别名？

《尹穑仙迹记》摩崖在七星岩，宋高宗绍兴五年（1135）刻。《中国西南地区历代石刻汇编》有拓片，共三张，两张长330厘米，宽200厘米，一张长300厘米，宽127厘米，楷书。石刻讲述了唐人郑冠卿在栖霞洞遇仙的传说。

从原文我们大致了解，郑冠卿以临贺（今广西贺州）令任满赴调，途经桂林，在栖霞洞（即七星岩）游玩，遇日华、月华两位仙人邀他入洞饮酒、论诗、听乐，将告辞时，仙人各赠他一首诗。郑冠卿出到洞外，有两位樵仙告诉他真相，然后郑冠卿只走了数步，仙洞和仙人都消失无影。他回到家时已是三年之后了，家人以为他早已身故，连三周年祭奠礼都已完成。从此，郑冠卿绝意仕途，避世修炼，最后活到104岁。

相似的故事在隋唐笔记《灯下闲谈》卷下亦有记载，其卷下之“代民纳税”篇与石刻文本除了部分字句上稍有出入，内容主旨基本相同。从记载中我们知道，当时郑冠卿所在的隋唐时代，七星岩还叫栖霞洞。洞口有隋开皇十年（590）著名高僧昙迁隶书题写的“栖霞洞”，之后有唐显庆四年（659）篆书“玄玄栖霞之洞”题榜。“栖霞真境”亦成为“桂林古八景”之一。唐代曾于岩内筑有老君祠，供奉老君像。

那仙李洞、碧虚岩是何时得名呢？明张鸣凤在《桂胜》里说：

栖霞洞
碧虛銘

“栖霞，相传名起自唐，宋改为‘仙李岩’。”确切地说，是1135年改的，这次改名仙李洞就是因为尹穑这通石刻。

尹穑还写有《仙李岩铭并序》。这篇铭文的序言详细记载了宋代任广南西路经略安抚使的李弥大将栖霞洞更名为仙李岩的缘由。由此文可知，1129年李邦彦亦书栖霞洞，六年后的1135年冬至日，尹穑作《仙迹记》摩崖于洞内，同年李弥大将栖霞洞改名为仙李洞。

那碧虚岩的别名又是怎么一回事呢？还是要从《尹穑仙迹记》说起。仙李洞命名近四十年后，淳熙元年（1174），范成大在七星岩前修建了“碧虚亭”，岩侧刻《碧虚铭》，石刻高283厘米，宽170厘米，楷书，字径11厘米，碑额隶书，字径22厘米。内容依据的是宋《尹穑仙迹记》中记述唐人郑冠卿在栖霞洞遇仙的传说。范成大取仙人赠诗中“不缘过去行方便，那得今来会碧虚”诗意建亭、作文、刻石，是追慕清静玄远情趣之意。后来明末道士潘常静又在山岩上刻“碧虚岩”三个篆字，洞因之又名碧虚岩了。

时过境迁，“仙李洞”的名称只在宋代短暂存在，元明清时七星、栖霞两名并存，不过不管是栖霞洞、仙李洞还是碧虚岩，今天我们都称为七星岩了。

（王正刚）

明代两广经略与对外交通

——梧州明代碑刻屠滽《重建吕仙亭记》

梧州的《重建吕仙亭记》由屠滽撰文，李孟旸篆额，叶应书丹，高 159 厘米，宽 68 厘米，为成化二十三年（1487）所立，碑额为篆书，以云纹图案环绕，正文为行楷书，字体刚劲而不失秀丽。碑石现露天保存于广西梧州市万秀区珠山梧州市博物馆室外碑廊，表面已有些许损蚀，但碑文依然清晰可释读。

撰文者屠滽（1440—1512），字朝宗，号丹山，浙江鄞县人，成化二年（1466）进士，历任监察御史、右佥都御史、右都御史、左都御史。存世有《丹山集》。篆额者李孟旸（1432—1509），字时雍，睢州（今河南睢县）人，成化八年（1472）进士，历任户部给事中、布政司参政、广西左布政使、右副都御史、南京户部

梧州明代碑刻《重建吕仙亭记》拓片

重建吕仙亭记

成化二十三年七月初一日立石

侍郎。书丹者叶应，生卒年不详，字子唯，广东惠州府归善县人，成化十四年（1478）进士，历任广西庆远府知府、南京工部屯田员外郎。《重建吕仙亭记》不仅是岭南书法史的重要资料，还是明中期（指明英宗继位至明穆宗继位这130年）两广经略与对越关系的重要史料。

当代两广作为岭南地区的核心部分，在我国南方经济发展中占据了重要的位置，但从汉代形成零星的城镇据点始，至清前中期商品经济的蓬勃发展，岭南的融合与开发历经2000余年的时间。中国的开发与移民的历史是一个对各地区渐进式经营的过程，长期以来，除了广州作为“天子南库”一枝独秀，桂北与粤北的部分州县稍有起色外，岭南大部处于落后状态，唐宋时期中原士人对当地风土的记述，要么视为光怪陆离之境，要么语焉不详。明代是岭南历史的一个转折点，云南与岭南地区在这一时代启动了与中原社会对接的社会转型的进程。明朝建立后，中央对岭南施行了大规模的户口统计，并发动人民移民当地，岭南不再是唐宋时期的“流放之地”。岭南是多族群聚居的区域，移民开发造成了一些文化冲突，并在明中期酿成一系列地方动乱与起义。在花费大量人力财力弭平动乱后，明朝政府对岭南的管治进行了制度上的设计，为方便两广之间的人员与钱粮调配，明朝政府利用梧州府作为粤桂地区咽喉的优势，在当地设立了三总府（总督府、总兵府、总镇府）。

吕仙亭始建于元至正年间（1341—1368），原为朗吟亭，位于梧州府阜民山（今梧州市阜民路）。相传韩雍莅临梧州，遇吕洞宾赐剑斩妖而改名吕仙亭。从碑文中可知，洪武年间（1368—1398）该亭曾有修缮，但现今存世的只有此方石刻，此方碑刻背后是康熙三十九年（1700）的《重修准提阁碑记》，乾隆《梧州府志》载："准提阁在东门外朗吟亭西，崇祯间知府袁文新建。"故康熙年间重修准提阁时，民众就近将这块明时的碑刻物尽其用，刻上新的碑文。从清末民初日本东亚同文院绘制的梧州地图可知，准提阁大致位于今白云山山脚处。

屠滽任右都御史时总督两广军务，赴岭南视察公干，坐镇梧州的三总府官员重修吕仙亭，恳请屠滽撰文，即《重建吕仙亭记》。在碑文中，屠滽肯定了三总府开府后控御两广的作用。三总府开府后对稳定地方确实起到了非常重要的作用，以梧州为例，开府后韩雍就在府城设立了税关与浮桥。后梧州府城失火，城中民居尽失。在总督府调配下，烧砖重建城厢。修建吕仙亭表面是纪吕洞宾之功，实际上为颂韩雍之绩。

值得注意的是，《重建吕仙亭记》突出显示了书撰者拥有的另一重身份：屠滽为南京都察院右都御史奉敕抚安南夷前经筵官，李孟旸为册封占城国王使，叶应为册封占城国王副使。碑刻突出强调三位撰文者、题额者、书丹者出使安南与占城的经历，这是耐人寻味的。

越南从宋代自立起，形成了北部受汉文化影响的安南与南部受婆罗门教文化影响的占城并立的局面。占城在中国宋元时期强盛一时，与北部的安南互相征伐。安南后黎朝建立后，即对南部的占城国和西部的老挝土司进行征伐。由于安南的礼乐体制较

占城的神本文明更能动员基层社会，发挥了农耕文明的生产力，因此在对占城征伐中占据了优势。经过逐步地蚕食，成化六年（1470），安南攻占占城王都，扶植伪王，将占城纳为傀儡政权。

安南对占城的攻略实际上瓦解了以中国明朝为中心的朝贡体系，另立以自己为中心的一套体系，这是明朝中央政府反对的。但明宪宗时期四边形势都较为严峻，国内危机不断，未能如明成祖时期那样干净利落地做出反应，只能派出使节警告安南和宣慰占城遗民。成化二十年（1484），明宪宗册封占城遗民古来（《苍梧总督军门志》中称古闻）为占城国王。李孟旸认为占城路途遥远，现在安南军队占据占城，占城伪王在占城。若前往占城，稍有不慎则有损大明声望，建议在广东册封占城国王。明宪宗同意李孟旸建议，派遣李孟旸与叶应作为正、副使在广东崖州册封古来为占城国王。成化二十三年（1487），明宪宗派遣屠滽至广东，传檄安南，并召集海舟、水手，护送古来返回占城。屠滽来到广东时，受驻梧州官员委托，写下了《重建吕仙亭记》。

在《重建吕仙亭记》撰文立碑之年，虽然占城被安南操纵，但明朝利用其在朝贡体系中的威权，迫使安南放弃对占城的进一步吞并行为。从碑文中看，称安南为“夷”，称占城为“国”，体现出了明朝政府对安南吞并占城行为的情感和立场取向。

（陈宇思）

一座城与一口井的结缘

——梧州明代碑刻梅俊《重建冰井禅寺记》

梅俊撰文并题篆的《重建冰井禅寺记》立于明正德九年（1514），碑刻高245厘米，宽115厘米，厚27厘米。碑额为篆书，碑文为行草书，碑身背面为线刻的“寿”字，单字193厘米 ×103厘米。该碑现保存于梧州市中山公园晨钟亭旁碑廊，是梧州市迄今发现的尺寸最大的石刻。

梧州存世的明代碑刻基本为行楷及行草，行草书笔画连绵，尤为考验雕工的技术，《重建冰井禅寺记》体现了当时精湛的石刻技术。但碑身下半部有小面积损蚀，影响了碑文的释读。碑文撰写者梅俊，其曾祖父为梅殷，朱元璋将其次女嫁于梅殷。靖难之役中，梅殷死节，明成祖赐谥号“荣定”，子嗣传至梅俊恰好第四代。梅俊约生于正统四年（1439），成年后入南京国子监，后授西城兵马指挥副使，西城兵马司为京城掌缉盗、疏通街道、消防火禁之事。梅俊在任上曾政绩卓著，后因事被弹劾去官。在撰写《重建冰井禅寺记》时，梅俊已七十余岁了。

《重建冰井禅寺记》记载，梧州府城外有一口井，井水甘而冰，得名“冰井”。冰井之上盖有一寺，为冰井禅寺。冰井禅寺从唐元结为其刻石，后历经修葺、崩坏。至明代中期，韩雍开府梧州，又主持修缮了冰井禅寺。而后在正德九年（1514），总镇两广的御马监太监潘世贞莅临梧州，与林舜举等人商议重建冰井禅寺，潘世贞浼请梅俊为重建的冰井禅寺作了序文。

梧州是一座山水交汇的城市，城市北部的白云山（古代被称为“大云山”，又称为“大灵山”）是九嶷山支脉，梧州又是三江交汇之处。山水交汇奠定了梧州的城镇格局，梧州的府衙中心在今天民主路维新里一带的高地上，明以来的梧州府范围逐渐往白云山方向扩展，韩雍开府梧州时，就在距离北山（旧称茶山）脚不远处的高地上（今梧州市第一幼儿园）设立了三总府。至清末，梧州府城墙范围东起今东正路，西至西门口，北起北环路，南到南环路。由于梧州府城其他地方水位较低，居民区一直往北部的山地发展。纵观中国的传统城镇，大多是临河而兴或溪河蜿蜒穿城而过。正是丰富的水资源为居民提供饮水与耕作之源，使得华南的城镇在宋以后异军突起。旧时梧州城水网密布，水塘富集，同时包含不少水质高的泉水，为居民生活提供了优良的水环境。白云山更是梧州城灵性之地，为府治主山，“云岭晴岚”是“梧

梧州明代碑刻《重建冰井禅寺记》拓片

重建冰井禪寺記

重建冰井禪寺記

皇明四世孫承德郎西城兵馬指揮古山[illegible]

雄郡東有大靈山即志之大靈山重崗疊嶂崎嶇[illegible]踏山之趾[illegible]號與奔馳[illegible]下其[illegible]剖地[illegible]

滿右清在古剎中去城二里許泛諸以其泉脈爲兩派倚井予常從句曲山之麓泉混[illegible]陽井冬夏二[illegible]則

瀨之左之滿者脈道南海味鹹而溫以其勢蓮上流柱秋冬竝洞右之流者脈東柱注味甘而冷以其勢順下

哉於也應元道妙遇郡屬觀剖石目曰冰井棄廢郡南大山來合北百餘年[illegible]壬辰御史李武[illegible]

嵩山葉公盛相繼備井久而寢激歲化已百而廣達與布諸御史吳部韓公[illegible]

勑提兵勦滅當正峽斷藤之後留公[illegible]鎮兩廣[illegible]乃章請

特命開後總府于梧援剖[illegible]粵正德癸酉

欽命總鎮兩廣御馬監太監潘公以益息民安于戈厥戴乃廣于總督右副御史三山林公[illegible]

回道[illegible]不[illegible]廢湮可嘆冰井古剎歲爲靈區幾久浸陵泉源湮塞飲水者思香[illegible]觀者嗟[illegible]以利于民[illegible]

咸可之公遂捐

賜金贖材植募匠工重爲鼎建其所費不私于官不科于民凡民之就役者皆厚以工食謂曰當[illegible]

隨庵不爭先趨赴同有急思乃闢基高廣陵古中建佛堂三間金相莊嚴羅漢兩列龕槅[illegible]

聖壽之殿前爲山門三間塑四天王開出入之就門翊繞迴廊各十二間龍合殿山中[illegible]階之東西[illegible]

殿北構堂三間題曰塵外風光備禪想之堂東方丈三間附以殿庫爲精僧之居堂西[illegible]三間後以藏[illegible]

前復井爲甃瀰方池源湍深灌溉使民汲之井北石磴通嶺而上建[illegible]亭以集題詠並致亭後再築[illegible]

音一閣以資鎮之山閣之西北緣嶺至四構亭一楹真朗軒題曰拱日振[illegible]

君象也閣之東北夾山中有坡長二百丈餘來靈山右麓之[illegible]流再構一亭題曰[illegible]池覽勝之樓南[illegible]陵土[illegible]

嘉蔬沿北舊有汙池一方津注而泉之餘遶殿垂門[illegible]紙爐碑亭悉塗之丹朱之類以點綴之正四隅周匝[illegible]

彩命增圓之常住于此以便其修以爲香燈之具所恒給養出白金購田數百畝以助祝釐香燈之費寺外抵城東[illegible]

有待陰覆予致道其蘇有林蘇良有圖作善之心[illegible]且落成工肇于是歲冬十一月庚寅日落成十明年春三[illegible]

太保公書聘來桂得接公友愛因命者記予惟天下之利莫水爲之興其利以福生國天下之人[illegible]顧仁[illegible]

昔[illegible]靈易致哉必俟大有爲之才居大得爲之位[illegible]可爲之時斯可興已之[illegible]爲者遂人之所願[illegible]

相之賢總鎮兩[illegible]是有大才而居大位矣方今粵草[illegible]抽根煙熄[illegible]已[illegible]十餘[illegible]道[illegible]深[illegible]

[illegible]下飲泉之人觀井興懷亦必有甘棠之頌豈獨元子尊美千萬載以名忠字世貴系出[illegible]

今上勑賜褒功之重臣也予復頌以彷去暫出心仁可是能果能日善[illegible]相所諸公正氣回復井不待疑[illegible]

大明正德九年歲在甲戌夏五月端陽後一日戊辰上吉日立石

州八景”之一。白云山上的泉水源源不断地流至山下，长期以来，梧州城形成了独特的居民聚落——冲，居民们利用山地走势，顺着泉水流向在山谷中建立起居民聚落，形成梧州老城区三大居民区——百花冲、平民冲及冰泉冲。白云山的冰泉水汇于山脚，形成一口古井，此古井是为“冰井”。

“冰井泉香”是“梧州八景”之一，冰井为梧州老城区的一口古井，旧址在原梧州第二中学旁。冰井以其冰泉水的质感而得名。《重建冰井禅寺记》一文记载，白云山中发源两口泉眼，一清一浊。浊泉源头在南海，味咸水温，在秋冬季中就遇干涸。清泉从桂江发源，味甘而水冷，常年不断流。因其泉水甘甜冰冷，唐代诗人元结过境梧州时将其命名为“冰井”，并为其刻石，碑铭题“火山无火，冰井无冰，甘寒可凝，铸金磨石”。“冰井泉香”和“火山夕照”同为“梧州八景”。在古代地理观念中，水与火相克。梧州人将城里的冰井与河南岸的火山相对，意在压服南部火山的火气。古人在冰井地址上盖建寺庙，是为冰井寺。乾隆《梧州府志》中记载，冰井禅寺在唐代已存在，位于城门东北凤凰山下，即原梧州市第二中学后平民冲口，宋元时期重修。明代，叶盛和韩雍都主持了对冰井禅寺的重修。

正德九年（1514）的这一次重建被方志所载，因为此次的建筑规模比较大。由于地方局势动荡，冰井淤塞，泉眼不通。冰井是梧州府城的重要水源，在地方局势较为平靖后，地方官府开始考虑疏浚泉眼。疏浚泉眼、重建寺庙有很明显的政治意义，即边郡平定安靖。基于这种政绩考量，潘世贞自愿将自己的赐金捐献出来，招募工匠，重建建筑。由于考虑政治影响，官府修庙不敢明显地科征民力，对招募的平民酬以工食。该次重建工作可谓精心设计，在寺院旧址上建设三间佛堂作为主殿，佛堂内有塑像。主殿佛堂四周环绕回廊，主殿中间修筑台阶，台阶东西挖水池，备盥洗之用。主殿北部建筑堂室三间，并题名“尘外风光”，备香客休憩之用。北堂的东边修筑三间厅室，作为僧人居室。北堂的西边修三间居室，为游客居所。在游客居所之后开凿双井，方便居民打水。双井北面砌石级通往旧亭，旧亭再砌石级，石级上建观音阁，观音阁用于压镇南岸的火山。在观音阁西北构建一楹凉亭，观音阁东北有一方池塘，在附近筑凉亭一楹。观音阁东北的池塘周围开辟菜圃种植时蔬以供寺院之用，在东门通向寺庙的道路两旁植上松、桧等树，景观蔚然成型。正德九年的修建扩大了寺院原有的规模。而梅俊借冰井寺的重建用大才与大位的道理祝颂了两广总督开府梧州、“平靖”岭南的功绩。

冰井禅寺在万历三十一年（1603）再次重建，并更名为广善寺，增建藏经阁，增置寺田。崇祯十五年（1642），淮南士人李磐到梧州游览冰井寺，感怀之下留下了《游冰井寺》一诗，刻于碑石上。明清鼎革之际，清定南王孔有德占领梧州后，将寺院正殿大柱拆除。乾隆十三年（1748），清人重建冰井寺，陆纶为其撰写碑文。陆纶，字历才，号鱼乡，浙江省嘉兴市平湖人，先以恩贡授四川夹江知县。康熙五十六年（1717）中乡试，授内阁中书，转典籍。出为广西梧州同知，补梧州知府，在诗文上颇有造诣。乾隆十三年的修葺规模较正德九年的重建要小，府城官僚募

集绅士、百姓对庙宇进行修缮。知府陆纶的序文没有梅俊序文那般恢宏而富有哲思，更多是对元结发现冰泉、为冰井铭石的追溯。冰井寺在乾隆年间就已失修坍塌，而冰井作为重要的城厢水源被保留下来。直到21世纪，由于城镇建设，自来水最终替代了古井，繁荣了很长时间的梧州古井文化走到尽头。

正如《重建冰井禅寺记》中提道："予惟天下之利，莫水若也。"水是梧州城居民重要的环境资源，惟水则利的思想促使梧州居民对佳泉之源颇为青睐，成为梧州水文化的重要部分。水为万物之源，以冰井为代表的梧州泉水资源对"讲饮讲食"的梧州膳食文化产生了重要影响。冰井因其水质上佳而成为梧州饮食的重要原料。1935年开创的冰泉豆浆以冰井水磨制豆浆而闻名；梧州河东老菜市场的豆腐摊则以"冰井豆腐"作为卖点。20世纪90年代，梧州人以白云山山泉水炖煮羊肉。虽然冰井已湮，但梧州人择佳泉的传统未曾消失。

（陈宇思）

残存的“桃源”印象

——柳州宋代摩崖赵师邈《三相亭诗》

《三相亭诗》摩崖石刻位于柳州市驾鹤山西南面，残损严重。石刻高 63 厘米，残宽 70 厘米，楷书。系宋嘉泰三年（1203），时任柳州知州的赵师邈所题。赵师邈，字彦远，开封人，嘉泰二年（1202）任柳州知州。石刻内容在乾隆二十九年（1764）的《柳州府志·艺文》中题为《三相亭碑记》，实际上这只是石刻内容当中“序”的部分。据广西壮族自治区博物馆藏 20 世纪 30 年代石刻拓片，当时石刻保存完整，共 334 字，分刻 21 行。其中“诗”的部分 56 字，分 4 行，而“序”的部分 278 字，分 17 行，“序”的篇幅约占通篇文字的六分之五，对研究唐宋时期柳州地方历史有着重要的参考价值。

诗序开篇就把驾鹤山与历代先贤联系起来，“龙城自有唐名贤出镇，继今数百年”。柳州在南朝梁武帝时，有“八龙现于江”的传说，旧时亦称“龙城”。“唐名贤”当然指的就是柳宗元。赵师邈作此文，距柳宗元出镇（出任地方长官）柳州已近四百年。

后人一直视柳宗元为柳州文脉的开创者，是以柳州摩崖石刻诗文当中开篇先追名贤几成定式，《仙弈山新开游山路记》如是，《新殿记》如是，该篇诗序亦如是。汉武帝于元鼎六年（前 111）置潭中县，明嘉靖《广西通志》载，“潭中县在府治东南驾鹤山间，汉置”，这就是地方志书中最早的“柳州”。柳宗元在《柳州山水近治可游者记》中对驾鹤山亦有记述：“驾鹤山，壮耸环立，古州治负焉。”这也成为三相亭、驾鹤书院、《重修三相亭诗》摩崖先后在驾鹤山下出现的主要原因。

绍兴初年，王安中、吴敏、汪伯彦“三相”曾暂驻柳州水南僧寺（据《新殿记》摩崖，该寺当时名为“天宁万寿禅寺”）。在“三相”里面，王安中任职时间最长，文学方面影响力也较大，其余两位均是只任过短短数月的宰职，汪伯彦更是秦桧的老师，被后世史家划入“奸臣”行列。现在人们提及这“三相”，往往王安中居首，吴敏次之，汪伯彦再次。绍兴初年他们际会柳州的时候，都迎来或即将迎来政治上的转机，但当时“三相”中却以吴敏地位最高。他时复观文殿大学士（由曾任宰职的大臣担任），为荆湖东西、广南路宣抚使，掌管南宋西南疆域。当时吴敏“置司柳州”，即把当时的荆湖东西、广南路宣抚使司设在柳州。也许出于军事上的考虑，或出于建炎年间移柳州安置的情感，在绍兴初年，柳州成为南宋西南疆域的军事和政治中心，于是才有了“三相会柳”的美谈。

“三相”平时客居僧寺，闲暇时相与游访林石佳处。诗序中说他们“创茅亭二所，目曰驾鹤书院，曰三相亭。时携筇挈榼，

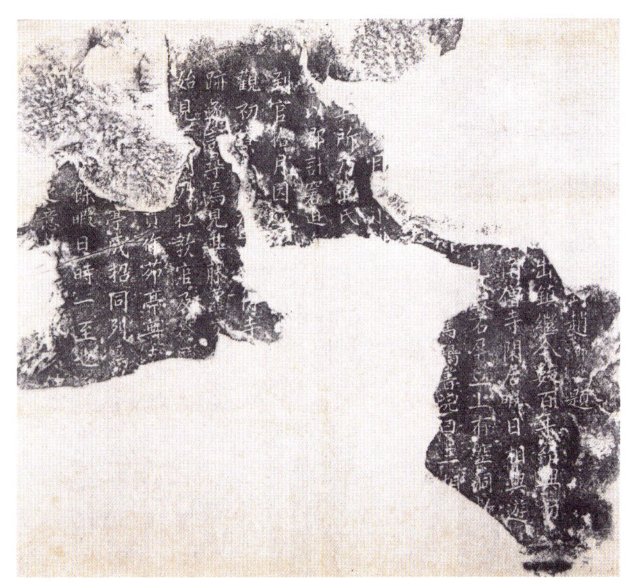

柳州宋代摩崖《三相亭诗》拓片（柳州市博物馆供图）

观书论诗，款洽终日不倦，因此遂成胜迹，目曰小桃源”。据赵师邈诗序所述，“三相”当时建驾鹤书院和三相亭，为“茅亭二所”，实际上主要功能是供其在驾鹤山下观书论诗款客，此后赵师邈与佥事等商订“仍旧贯，作茅亭，无支费公帑”，可推知其建筑规模应当不大，也较为简约。用现在的话来形容，驾鹤书院和三相亭实际上类于“三相”主持的“文学沙龙”。明代蒋一葵《尧山堂外纪》卷五十五有载：“安中，建炎中避地于柳，得郡人

熊氏园，植桃数百本，号曰小桃源，日赋诗亭下。”王安中在驾鹤山下熊氏提供的园子里种上了数百株桃树，凭借着“三相”的影响力，小桃源成为当地有名的景观。王安中依晋陶潜《桃花源记》出典，将那里命名为“小桃源”。今驾鹤山下存王安中“驾鹤书院”“竹里”摩崖，还有宋淳熙元年（1174）苏州人郑镇所题“小桃源”摩崖，均在赵师邈《三相亭诗》摩崖附近。

当时政坛、文坛三位重量级人物会于一地，给柳州带来的影响可想而知。荆湖东西、广南路宣抚使司所在，天宁万寿禅寺“广右第一”，以及有“三相”坐镇的驾鹤书院，给柳州文教带来的直接影响，就是带动了学风的兴盛。宋代著名学者汪藻作于绍兴十四年（1144）的《柳州修学记》载：“大观中士之弦诵者至三百人，为岭南诸州之最。”自唐柳宗元“新庙学”，为当地营造良好的文教氛围，这种影响一直延续到宋代。良好的基础，加之绍兴初年驾鹤书院的建立，为柳州学子提供了直接向名师问学的机会。王安中即将离开柳州时，曾作《留题柳州甘氏娱文堂》诗，赠前来请教的学子甘绹。绍兴二年（1132），甘绹等五名柳州学子同榜进士，创下柳州史上同科进士人数之最。

赵师邈嘉泰二年（1202）到任柳州，用十个月修葺城治（指当时柳州府官署所在地马平县）了毕，嘉泰三年（1203）访水南报恩寺（当时天宁寺已更名为“报恩光孝禅寺”），观“初寮小磨崖石刻”。王安中今存《新殿记》摩崖石刻于报恩寺旧址附近，但尺寸较大，应不是赵师邈文中所指，所以当时王安中撰书的摩崖在仙弈山西麓当不止《新殿记》一处。由此也可看出，游山水、访名迹、赋诗题刻是当时的文人风尚，其影响直至明清时期。这也成为中国山水文化的一个重要内容。赵师邈从水南报恩寺僧人口中得知“小桃源”名迹，便前往探寻。这时距驾鹤书院和三相亭初建已过了 70 年，旧址藤萝交结弥漫，芟夷清除之后才看得到王安中的石刻。他立即组织进行“现场办公”，定下了复建三相亭的事情。亭成，时值仲春，参与建设工程的官员们还在重修的三相亭组织了庆祝活动，赵师邈即兴赋诗，并摩刻于亭旁。同时期摩崖的还有“来仙”二字。当年重阳，赵师邈还领众僚属登仙弈山，今存《游仙弈山诗》摩崖。

汉置潭中县，宋有小桃源。柳州驾鹤山，在历史上有两个高光时刻，一是汉代潭中县的设立，二是宋代“三相会柳”。王、吴、汪“三相”在政治上无甚作为，后世史书评价不高，但他们在柳州的那段时期，确实是给柳州的文化发展带来了继柳宗元后的再次繁荣。赵师邈在《三相亭诗》中称他们为“三贤”，能够看出后面任知柳州的官吏和当地百姓对他们三人在柳州做出的贡献还是比较认可的。2005 年和 2019 年，柳州市政府先后两次对驾鹤小桃源进行扩建改造，在驾鹤山下遍植桃花，重建驾鹤书院和三相亭等景观，并将柳州文庙与之连通。驾鹤山下，书院和三相亭已几历重建，我们无法得知它们当年的面貌，但摩崖尚存，向世人讲述着“小桃源”的故事。它也已不只当年“三相”的“小桃源”，而成为更多人身边的“桃源”。

（陈俊）

夫子杏壇圖

宗壽家藏唐吳道子畫先君夫子按几而坐從以十弟子者世謂之小影又立而顏子特從之行教行教已有石本小影但摹傳之歲處久而訛今亦刻堅珉庶久而不失真也紹聖二年丙子歲十月一日四十六代孫左宣德郎知兗州仙源縣事孔宗壽記

此畫在孔氏家廟中采拓遠覩像最為真從百世之後纘源紹揆無復存焉[illegible]護持偽傳家藏舊本紹興甲戌[illegible]自左宣教郎權知撫州軍州事何[illegible]子[illegible]清部學鄉貢進士兗州學[illegible]甘[illegible]摹

圣贤与英雄

高山仰止，景行行止

——柳州宋代毛友摹《先圣先师像》碑

宋毛友摹《先圣先师像》碑，淳熙十六年六月甲午（1189年7月20日）刻石。石在融水真仙岩，已毁。现据1959年柳州市文物管理委员会移交柳州市博物馆藏拓片成文。拓片高110厘米，宽50厘米，从上至下由像赞（题）、白描人物像、跋三部分内容构成。毛友摹《先圣先师像》（孔子、颜回像）并作像赞（题），毛恕跋。

毛友（1084—1165），字达可，原名毛友龙，政和中，改名为毛友。北宋衢州西安（治今浙江衢州）人。毛友是衢州文化名人，官至礼部尚书，建炎元年（1127）出任处州（今浙江丽水）知府，创办梅岩精舍，为南宋“十大书院”之一柯山书院的前身。毛恕，浙江衢州人，乾道三年（1167）曾在广安州（今四川广安）任职，淳熙九年（1182）时任衡州（今湖南衡阳市）知州，淳熙十六年（1189）通判融州（今广西融水苗族自治县、融安县境）。广西境内宋代石刻孔子像目前所见计有三件，两件在横州，一件在融水真仙岩。该石刻作品与横州孔子像之一内容大体一致，均为《先圣先师像》，按石刻跋语自述，横州像系孔氏后裔据识古堂传吴道子墨本刻石，而融水像则按毛友本人摹本刻石，由从伯祖孙两代人共同完成。该石刻画像，对孔子、颜回像的版本研究有重要参考价值。

孔子和颜回是儒家的代表人物，早在北魏，孝文帝就曾下诏“释奠孔颜”，儒门也曾以“孔颜”谓之。隋开科举，国子以周公为“先圣”，以孔子为“先师”，配享周公。唐初本用隋制，唐太宗贞观二年（628），时任中书令的房玄龄上书言事，认为周公和尼父都是圣人，而学校的建立是从孔子开始，伏请停祭周公，升夫子为“先圣”，以颜回为“先师”配享，太宗皇帝从之，并一直延续到南宋。拓片中最重要的内容，应当是中段的白描人物图。图像是以白描技法绘画的两名宽袍大袖、束冠佩剑、叉手胸前、和颜肃立的儒士形象。图中两人一长一少，一前一后，同向西面；前者长，后者少；长者身高，少者矮长者一头；长者佩长剑，少者佩短剑；长者面容慈祥微带笑容，少者表情略显木讷迟钝。

下方跋语共 14 行计 130 字。首先交代了图像名称和版本源流，“先圣先师像，宣和间从伯祖内翰尚书手模（摹）阁下本”。所谓“手模”，即书画上的术语“手摹”，依靠作者的绘画功底，照原件画作临摹成形。根据临摹者技法功底的高低，与原作相去各有差异。至于“阁下本”，《宣和画谱》中记御府藏唐阎立本“宣圣像一”、南唐陆晃“孔圣像一”，未见有“先圣先师像”著录。对照横州刻立于绍兴乙亥（1155）三月“夫子行教图赞记”

（嘉庆《广西通志·金石》条目名），同为孔子、颜回像，上方像赞题为“□宣王赞”，缺字当为“文”，可见当时很多名为“文宣王像”“宣圣像”“孔圣像”的作品，实际上是有颜回形象在里面的，只是颜回处于孔圣配享的地位，所以在题名和像赞当中多无体现。融水《先圣先师像》在跋语中所提到的“阁下本”，有可能就是《宣和画谱》中著录的唐阎立本“宣圣像”或南唐陆晃“孔圣像”。

以孔颜像作为题材的画像流行于北魏至盛唐。画像所绘人物宽袍大袖，接近魏晋绘画中的人物服饰风格。孔子、颜回所执手势，名曰“叉手”，在唐五代至宋元时期流行，多有文物实物佐证。毛友手摹的“阁下本”极有可能是北宋御府所藏唐至宣和初年的书籍、法帖。宋徽宗有《和毛学士诗二首》传世——毛友宣和年间能与徽宗谈诗论画，得观赏、临摹内阁藏书与字画不足为怪。从客观、全面反映内容的角度看，融水真仙岩这件刻石自名“先圣先师像”更为贴切。

毛友与毛恕的关系，跋语中已经交代清楚，是从伯祖孙。毛友在宣和年间任礼部尚书时有机会手摹宫廷所藏《先圣先师像》，并作了像赞，珍藏家中，“岁月滋久，恐缣素朽蠹，肖貌失真，字画漫漶”。于是交托毛恕保藏，有机会再刻石流传。于是毛恕择宋太宗赐名的真仙岩临刻先辈作品，以期不朽，“使并边之民皆得瞻仰盛德形容而忠信笃敬之”。毛恕刻石完成之日，毛友已经过世二十余年。短短一段跋语，表现出了对作品的珍视、对先辈的怀念、对先圣先师的崇敬和对儒教坚定的信仰，体现了教行远域宣明教化的责任感。

毛友手摹圣像于宣和年间（1119—1125），即徽宗执政期间以“宣和”为年号的七年时间。跋语中毛友的“内翰尚书”之名自宣和三年（1121）始，同年徽宗“诏宣议郎孔端友袭封衍圣公”，这件事极有可能就是毛友手摹《先圣先师像》的触发点。北宋末年，金兵南侵，宋高宗赵构南渡，建炎三年（1129）建都于临安。第四十八代衍圣公孔端友背负着孔子和亓官夫人的一对楷木像从山东曲阜南迁，高宗赐家衢州，是为南宗孔氏。此后衢州也就被孔氏称为“第二圣地”。孔端友卒于绍兴二年（1132），生前或与毛友在浙江有过交集。

毛友手摹圣像并嘱毛恕刻石永存，晚年致力于文教事业，毕生循着孔夫子的教义行进，是儒教的忠实信徒。《史记·孔子世家》末尾一句，太史公曰：“高山仰止，景行行止。虽不能至，然心乡（向）往之。”大概最能代表毛友这样的读书人根植心中的信念吧！

（陈俊）

寻访文庙遗踪

——柳州元代碑刻《柳州路文宣王庙碑》与明代《柳城县儒学碑阴记》

唐开元二十七年（739），玄宗封孔子为“文宣王”，并于《唐六典》中规定：“仲春上丁释奠于孔宣父，以颜回配焉……仲秋之月亦如之。”此后，孔庙亦称为“文宣王庙”，简称“文庙”。现柳州柳侯祠享殿后立有一通碑刻，正、反两面均有内容，且上石年代不同。正面《柳州路文宣王庙碑》刻于元至元二十六年（1289），背面《柳城县儒学碑阴记》刻于明洪武十八年（1385），时逾百年。然此一件文物，却可一览柳州千年文运接续事。

此碑以砖砌边廓，下砌基座，上盖碑檐，原尺寸不明。据现状观测，碑为圆首，高 210 厘米，宽 115 厘米。

柳州元代碑刻《柳州路文宣王庙碑》拓片（柳州市博物馆供图）

先聖文[illegible]碑

唐尚書禮部員外郎使持節柳州諸軍事柳州刺史柳[illegible]

仲尼之道與

王化遠邇惟柳州古為南夷椎髻卉裳攻劫鬬暴雖唐虞之仁不

能柔秦漢之勇不能威至于有國始循法度置吏奉貢咸若采

衛冠帶憲令進用文士學者道堯舜

孔子如取諸左右執經書引仁義旋辟唯諾中州之士時或病

焉然後知唐之德大以遐

孔氏之道尊而明元和十年八月州之廟屋壞幾毀

神位刺史柳宗元始至大懼不任以墜教基丁未奠薦法齊時

事禮不克施乃合初亞終獻三官衣布洎于贏財[illegible]

徵工僦功完舊益新十月乙丑

王宮正室成乃安

神棲乃正法庭祗會群吏卜日之吉虔告于

王靈曰昔者

夫子嘗欲居九夷其時門人猶惑

聖言今夫子代千有餘載其教始行至于是邦人去其陋而本於

儒孝父忠

君言及禮義又況巍然臨而炙之者乎

夫子以神道設教我今因而欲若[illegible]教以尊其

神道愚告諭如在于前苟

神之在焉敢不虔居而無陋固貳昔言中蔬豢祀永永是尊

牲有碑刻在廟門　至元二十六年四月日

承務郎廣南西道儒學提舉陳懋卿校定

承直郎僉廣西海北道提刑按察司事胡夢魁書丹

中議大夫[illegible]禮部[illegible]篆額

正面《柳州路文宣王庙碑》又名“元柳州路文宣王庙碑及重刻柳侯像”，阴刻卷草云纹装饰边廓，并以同款装饰带将碑面内容分隔为上、中、下三部分：上为双龙碑首，四行八字，篆书“柳州路文宣王庙碑”；中为重刻柳宗元撰《先圣文宣王柳州庙碑》；下为重刻柳侯像并跋。

碑阳篆额，由中议大夫礼部侍郎李思衍书写。李思衍，字昌翁，一字克昌，号两山，饶州府余干（今江西省上饶市余干县）人。至元十一年（1274）为乐平令，累官袁州治中，后任国子监司业。至元二十五年（1288）初，礼部侍郎秃庐出使安南，李思衍为副使。同年十一月己亥，李思衍为国信使，再次出使安南。书写篆额，当在出使安南道经柳城之时。碑阳上段刻“唐尚书礼部员外郎使持节柳州诸军事柳州刺史柳宗元（作者按：“宗元”二字模糊，然结合诸多资料可考定为此二字无疑）撰”，《先圣文宣王柳州庙碑》经“承务郎广南西道儒学提举陈懋卿”校订。碑文书丹由“承直郎签广西海北道提刑按察司事胡梦魁”完成。

《先圣文宣王柳州庙碑》一文，在柳文集诸多版本中名《柳州文宣王新修庙碑》，本文从碑自名。据清乾隆二十九年（1764）修的《柳州府志》及《马平县志》所录：“柳州府学（柳州唐时称为州，元时称为路，明清时称为府），创自唐初，元和间刺史柳宗元重修，有记。”所谓“有记”，指的就是此篇柳文。唐初太宗贞观四年（630）诏令各地州、县学建孔庙，各地立庙时间当相差不远。但据史书所记，各地州府县学（文庙），始建年代大多为明洪武初年，少量为宋元时期，明确为唐代始建的寥寥无几。

相信我国各地在唐代都有遵诏建立文庙之举，却因无确切建立时间的记载，形成现在这种有实无据的普遍状况，而柳州却因有明确建庙的记载和柳宗元撰的庙碑文字传世，使柳州文庙的始建年代有了充分的依据。柳宗元在碑文中记："元和十年（815）八月，州之庙屋坏，几毁神位。刺史柳宗元始至，大惧不任，以坠教基。"于是他初到柳州便着手筹集经费、组织修缮，会集众官员对孔子进行隆重祭祀，并将事件始末撰文刻石立于庙门，期望通过立庙兴学，以儒家教义，使柳州"人去其陋，而本其儒。孝父忠君，言及礼义"。正如韩愈在《柳子厚墓志铭》描述的那样："衡湘以南为进士者，皆以子厚为师，其经承子厚口讲指画为文词者，悉有法度可观。"柳宗元于唐元和十年（815）重修柳州文宣王庙兴办文教，一直被后人视作开柳州文运的里程碑式的"大事件"。

清嘉庆《广西通志·金石》有"柳侯遗碑"条目："学有夫子庙碑，盖子厚亲笔，久仆无闻。淳熙己酉，太守赵彦礼复得旧断碑，并盖于学宫草莽间。遂龛于郡治明秀堂。"从该文献所引出处为《舆地碑记》（宋王象之撰）看，由于年代较近，当较为可信。由此可知，柳宗元撰并书写的《柳州文宣王庙碑》至迟在南宋淳熙己酉（1189），已经是散落学宫四处呈残断的状态，后被太守赵彦礼重新搜集起来，龛（嵌入壁内）于郡治（当时柳州郡治在马平县）明秀堂。这段记录给我们提供了非常重要的信息。其一，唐代柳宗元撰书的《柳州路文宣王庙碑》原碑南宋淳熙年间还存于马平县学宫内，但已残断散落；其二，当时文庙（学宫）

荒废已久；其三，柳宗元撰书之原碑，南宋后期毁于马平县明秀堂，此后踪迹无考。

根据至元二十六年（1289）《柳州路文宣王庙碑》碑阳下方的重刻柳侯像跋语表述，柳侯像在唐代就已经刻石，宋末柳州治所移于柳城，柳侯石像也随之转移至柳城。后经战乱，旧石断裂不可复识。地方长官与当地人合议重新刻石立碑于文庙，上方刻柳文，下刻柳侯像，即我们今天看到的状态。明洪武元年（1368），柳州府治从柳城迁马平县，新的府学文庙也在马平县建立起来。此碑在数百年间，均保存在柳城县境，是国内现存最早反映柳宗元修复柳州文宣王庙事件和镌刻柳宗元画像的石刻，具有极高的文物价值，弥足珍贵。

碑阴的《柳城县儒学碑阴记》保存较差，字迹模糊，难以辨识。与民国二十九年（1940）铅印本《柳城县志》比照，可确定碑阴文字系当中题为《柳城县儒学碑记》的篇目内容，但县志所录篇名与文物所示有出入，这里从碑额上自名“柳城县儒学碑阴记”。从碑文记载得知，洪武甲子（洪武十七年，1384），初赴任柳城县教谕的严叔载恰遇知县张志谅、县丞赵思智、主簿路显主持重修柳城县文庙。次年仲春丁酉，修缮完毕的柳城文庙举行释奠礼（古代在学校设置酒食以奠祭先圣先师的一种典礼），当时文庙缺丽牲碑（古代祭祀时将所用的牲口系在石碑之上，后庙前立碑成为规制），告祭活动显得不合规制。祭仪过后，当地百姓向官长进言，告之元代《柳州路文宣王庙碑》仍存，由于龙江常会改道，是以柳城县治经宋、元到当时已经三次迁转，元代旧治文庙遂荒废，旧碑被淹没于荒草间。于是县里的正副官长偕同县学师生若干人，寻得旧碑，除污刮秽，迁以归来立于庙门。严叔载将事情经过撰文刻于碑阴，并在碑文开头对柳城县的地理环境与建置沿革做了简要概述，让后来者知道事情的来龙去脉。碑阴的文字记载，对研究柳城县及柳城县文庙的建置沿革具有重要价值。

一方碑刻，跨越了时代、政权、民族的界限，反映了历代政府对文化教育和人才培养的重视。直到20世纪70年代，这件珍贵的文物才从柳城移到柳州，至今存于柳侯祠。民国十七年（1928），火烧半边柳州城，柳州府学文庙被毁。2010年，复建的柳州文庙完工，坐落于柳江之滨，柳州人又将柳宗元《柳州文宣王新修庙碑》镌刻上石，与新的《重建柳州文庙碑记》并立于大成殿前，继续向来人宣示儒家的教义，叙述柳宗元在柳州的德政，展现柳州文运接续千年不绝的旺盛生命力。

（陈俊）

儒学在边地的传播

——横州宋代碑刻《夫子杏坛图》

1987年，横县（今横州市）武装部兴建新楼时发现横州学宫碑刻《夫子杏坛图》，后移交县文物管理所，现展示于横州市博物馆展厅。

碑呈长方形，长104厘米，宽80厘米，厚15厘米，青石凿刻而成。画之左题款，上为隶书题名“夫子杏坛图”，题名下为楷书题记：

宗寿家藏唐吴道子画，先君夫子按几而坐，从以十弟子者，世谓之小影；又立而颜子侍者，谓之行教。行教已有石本，小影但摹传之多，虑久而讹，今亦刻坚珉，庶愈久而不失真也。绍圣三年丙子岁十月一日，四十六代孙、左宣德郎、知兖州仙源县事孔宗寿记。

此画在孔氏家庙，其来极远，貌像最为真绝，百世之后迁源纷扰无复存焉，神物护持，偶得家藏旧本。绍兴甲戌上元日，左

横州宋代碑刻《夫子杏坛图》拓片（横州市博物馆供图）

宣教郎权知横州军州事何先觉重刻于宁浦郡学。乡贡进士、兖州学正甘彦摹。

由此可知：南宋绍兴时横州进士甘彦任山东兖州学正，于孔庙临摹吴道子画孔子石刻像；横州知州何先觉于甲戌年（1151）元宵重刻成《夫子杏坛图》碑与《夫子行教图》碑。

《夫子杏坛图》碑以缠枝花纹为边框，线条人物像为阴刻。画中心趺坐于杏叶纹方坛上为一老者，即万世师表孔夫子，身形魁伟，左腋横夹一根鸠杖，神态祥和，左右身后侍立十弟子，即孔门十贤，或称“十哲”，宽衣博带，形态各异。画上方唯一向右抚琴者应为言偃，对面为卜商，孔子身后捧书盒者为端木赐，其后持伞盖身材魁梧者为子路，其余皆双手拢于胸前做聆听状。孔子左侧画最下方见全身者为颜回，回后为闵损，损上为宰予，宰予后即画最右为冉有；孔子右侧首位为冉雍，第二即画最左者为冉耕。

孔庙圣迹殿《孔子凭几像》石刻疑为甘彦临摹原物。《夫子杏坛图》碑与《孔子凭几像》石刻人像一致，题名不同。“夫子杏坛图”为何先觉重刻所题。孔庙为祭祀孔子之地，故侧重体态安详以凭几纪念；横州学宫为儒学弘扬之地，故侧重讲学教化以杏坛传承。

小影即《夫子杏坛图》碑原画，以人多像小得名；行教以画孔子行走授教得名。孔庙石刻本《孔子行教像》为孔子标准像，有孔子无颜回。据原横县武装部附近老人反映，“文革”期间犹见旧学宫至圣二碑,《夫子行教图》碑摹刻吴道子画孔子行教颜回侍立像，疑仍埋于地下。

此碑首创者甘彦,《横州志》进士名录列第一，为横州历史上首位进士。曲阜时称仙源县，属兖州辖地，甘彦独具慧眼，利用主管儒学拜谒孔庙之机临摹至圣画像，回乡付与知州重刻于郡学，可见其赤子之心，故与重刻名宦何先觉流芳百世。

细揣碑图及铭文，临摹者与重刻者水平之高，令人叹为观止。碑图中圣人神态从容自若，弟子状貌各异，呼之欲出；行笔流畅飘逸，繁而不杂，密而不乱，不愧画圣“吴带当风”盛誉，重刻与原画应非常接近。铭文楷体势巧形密，颇具书圣王羲之神韵，堪称“三圣”合体之碑。

横州前身宁浦郡，设于三国吴永安六年（263），儒学历史悠久，源于近邻郁林郡。《二十四孝》中“陆绩怀橘”传为佳话，而名宦陆绩曾任郁林太守，郁林郡治即今横州近邻贵港，据州志“俗不知学，绩迪以诗书，士慕其风，皆舍里居而受学焉”可知，横州深受陆绩遗风感染。唐代文豪柳宗元与韦丹各任柳州、容州刺史，影响巨大，波及桂东南古郡，横州自然文教兴盛。据州志，唐左庶子张大安奉章怀太子令注范晔《后汉书》,“终横州司马”,名儒任官横州，教化必及士民；莆田林著“贞元中，举明经及第，为横州刺史，振兴文教”，振兴儒学文教，或可证横州唐代已有州学。

宁浦郡学之名自唐代沿用至宋，元至元二十二年（1285），宣武将军横州路总管府达鲁花赤朵尔赤用时两年重修建成圣殿

（大成殿），此后称横州学宫。雍正二年（1724），《夫子杏坛图》碑与《夫子行教图》碑“嵌于崇圣祠左右壁”。清末废科举后学宫冷落，民国时改为小学、农场、干训所，中华人民共和国成立后改建为粮食局、人民委员会办公房，“文革”时武装部迁来重建。

横州儒学底蕴源自教化之需。据《异物志》载，“乌蛮在南海郡之西，安南都统司之北，即乌浒蛮也，古有损子国。……其国有乌蛮滩，汉建武中，国废。按：乌蛮滩在横州东十里”。朝廷为推进当地教化，对横州儒学教育极为重视。东汉建武年间，伏波将军马援平定交趾，凿通乌蛮滩，贯通整个珠江流域，建宁三年（170），郁林太守谷永“以恩信招降乌浒蛮十余万内属，开置七县”，“居于横州之乌蛮山”，并修建伏波庙，令乌浒蛮世代供奉马援。爱国儒将遂被崇拜为仁德恩威伏波神，儒学文化从此在乌蛮故地生根发芽。此后历朝屡派名宦治横：唐中书令杜正伦任横州刺史，治如其名，以正人伦，治绩著闻；宋状元王嗣宗知横州，累至枢密副使；刑部员外郎杜杞知横州，擢广南西路转运按察安抚使，迁两浙转运使；苏元，“知邕州守城死，苏缄之子，以阁门祇侯知横州，恩信及民，咸颂有父风”。名宦治横，彰显古横州之地位及教化之兴。

《夫子杏坛图》碑见证了宋代以来边地文教事业的兴盛。北宋狄青南征，官兵留守广西，儒学蓬勃兴起。横州地理位置重要，屯兵众多，儒学发展更为壮大。绍圣四年（1097），国史院编修秦观坐党籍编管横州，寓居浮槎馆施教敷文，春社日于海棠桥祝生家赋词《醉乡春》，开创海棠文化，士习为之一变。三十年后，南宋绍兴年间连出五名进士，甘彦即为第一位。明正德年间，知州黄琮为纪念秦观，在海棠桥畔建淮海书院，嘉靖年间吴时来谪戍横州，在乌石岭建悟斋书院，此后又建豫庵书院、松冈书院、秀林书院、鳌山书院。名儒文风熏陶儒学兴旺发达，横州学子至清末共计出进士 31 名，举人 348 名，贡生 530 名，多人赴省内外任官，以儒济世造福一方，列为当地名宦与本土乡贤。

中国文化延续至今，历朝以儒治国功不可没，孔子创立儒学厥功至伟。仁义道德救世良方，圣人孔子世界公认。广西存世的孔子像石刻不多，计有桂林独秀峰读书岩《孔子司寇像》，为元至正五年（1345）以桂林画家丁方钟之画摹刻，全州璜溪书院《宣圣遗像》暂未见明确纪年。横州《夫子杏坛图》碑为目前广西所见孔子像石刻中纪年明确、年代最早者，十分难得。

横州《夫子杏坛图》碑，是儒学泽被边地的印证，孔子像石刻之珍品。至圣遗像碑前，曾有多少寒窗学子五体投地？曾有多少名流官贵顶礼膜拜？历今八百七十载沧桑风雨，古韵犹存，神采依然，继续默默地向世人诉说着中华文教的历史源流。

（郑培分）

逝去的烽烟

——横州明代碑刻蒋山卿《伏波将军庙碑》

2013 年，国务院核定公布了第七批全国重点文物保护单位名单。其中，横州伏波庙赫然在列。在岭南地区，大家对伏波庙并不陌生，为何横州伏波庙被列为国家级文物保护单位呢？竖立在伏波庙里外的四十多通历代碑刻也许能告诉我们答案。

明代南宁知府蒋山卿撰写并书丹的《伏波将军庙碑》，为伏波庙所存明代碑刻中年代最早的一块，在伏波庙碑刻中十分具有代表性。此碑立于嘉靖七年（1528），碑高约 195 厘米，宽约 77 厘米，厚约 16 厘米，青石质，篆额“伏波将军庙碑”字径 11 厘米 ×8 厘米，行书正文共计 700 余字，字径 2.5 厘米 ×2 厘米，目前立于庙外平台公路边。接下来，就让我们在这块岁月留痕的碑刻中探寻横州伏波庙的秘密吧！

横州明代碑刻《伏波将军庙碑》拓片（横州市博物馆供图）

首先，碑中有人——此碑概述了伏波将军南征的传奇故事。说到伏波将军，人们脑海中浮现出的或是马革裹尸的悲壮，或是征战沙场的勇武，或是平波安澜的神力。而此碑的作者蒋山卿在碑文中用“几”（即“机”）、“忠”“智”三个字高度概括了伏波将军马援的特点。第一，征侧在南方起事，汉室无暇顾及，这时马援毅然请往平定，“此则乘时应会，而先夺其心者也。夫是之谓‘几’”。第二，交趾、百越这些地方交通不便，触到瘴气九死一生，人们不敢轻易前往，但马援无畏苦难，决意前往，“此则蹇蹇匪躬，志死国事者也，是之谓‘忠’”。第三，事态平息后，标题铜柱，标明边界，使人各安其土，“此则识度超迈，处置得宜，筹算计略，已岿然为不世之规矣！是之谓‘智’”。东汉之后，在马援南征经过的今湖南、两广、海南等地，人们兴建庙宇崇祀马援为伏波将军，马援成为了这些地区保护安定、庇护航运、赐福招祥之神。而马伏波无畏艰难险阻、献身安邦定国、致力厚生利民的精神也已经成为了中华优秀传统文化的组成部分。

其次，碑中有物——此碑提及了伏波庙修建的历史事实。游览横州伏波庙，最先映入眼帘的是庙门外硕大的斗拱牌坊，层层叠叠的斗拱组合，尽显中国古代建筑工艺的高妙。如今保存的伏波庙为明清时期的建筑，建筑面积约 1000 平方米，包括钟鼓楼、望柱、牌楼、庙门、前殿、大殿、后殿、侧殿、回廊、祭坛几个部分，整座庙宇融建筑、木作、墙雕、书法、绘画等元素于一体。当然，今天伏波庙的宏大规模是历史上一次次修缮累积的成果。此碑题为“伏波将军庙碑”，重修伏波庙是立此碑的动因。碑中记载："岁丁亥十二月，总制尚书都御史新建伯王公来治思田事，过谒庙下，慨叹庳陋不称显名，爰命州府增饬栋宇，作而新之。"都察院左都御史总督两广兼巡抚王守仁出征思田，拜祭了伏波庙，感慨庙宇建筑过于简陋，与伏波将军的威名功绩不相匹配，于是命州府官员扩大面积、升级改造，使伏波庙焕然一新。始建于汉代的伏波庙，千百年来一定经历了无数次的重修，正是一代代人的精心维护，才有今天精妙的建筑，并成为岭南明清祭祀建筑的代表之作。

再次，碑中有俗——此碑涉及了伏波庙丰富的祭祀民俗。参观横州伏波庙，不时会听到"噼里啪啦噼里啪啦"的鞭炮声从江心传来，这个时候您一定会感到新奇，仔细一看，就会发现鞭炮声是从江心上行驶的船只传来的！原来路过伏波庙前乌蛮滩的船只，因不便停船祭拜伏波将军，所以烧一串鞭炮向伏波将军祈福。过往船只燃烛鸣炮、新船开过庙前放小狗下江、古庙屋顶不落叶，被称为伏波庙三大奇观，其中前面两者都涉及伏波庙的祭祀民俗。在《伏波将军庙碑》中也提及了祭祀的内容："所谓以死勤事，以劳定国，于法所得祀者。兹土之人，岁时伏腊必祷焉，水旱札瘥必祷焉。诸往来者，亦血荐唯谨。"也就是说，伏波将军于国有功，理所应当受到人们的祭祀，而这里的人们在夏天与冬天都举行祭祀活动，旱涝灾害出现的时候也来此祈祷将军护佑。至今，围绕伏波庙祭祀形成了丰富的民俗活动，每年农历四月十四为横州伏波庙的庙诞，以拜祭伏波将军为主线，前后几天，伏波庙游人如织、人潮如涌，庙内香火旺盛、炮声阵阵，人们或进香拜神，

或舞狮唱戏，或对歌娱乐。2007 年，“壮族伏波庙会”被列入广西壮族自治区第一批自治区级非物质文化遗产名录。而在崇左、钦州、防城港等伏波庙集中的地方，都形成了具有地方色彩的伏波祭祀民俗，这些民俗也都成为当地文化的重要组成部分。

最后，碑中有文——此碑涉及了伏波庙文化的悠长文脉。《伏波将军庙碑》中提及：“将军有庙，在横州乌蛮滩之北涯。”乌蛮滩一带的郁江两岸古树参天，郁郁葱葱，为横州八景之一的“乌蛮积翠”。然而，就在这美丽的翠色与平静的河面下，不知道呜咽着多少悲歌。乌蛮滩水下密布犬牙交错的暗礁，不知道让多少船只在此触礁沉没。历来文人武将经过乌蛮滩拜祭伏波庙后所作的诗文可谓洋洋大观。蒋山卿的《伏波将军庙碑》本身就是一篇十分具有代表性的伏波题材文学作品。清代编修的《粤西文载》《南宁府志》都收录此文，该文叙议结合、段间排比、文气畅达，总结了伏波将军善假时机、精忠报国与足智多谋的特点。此外，乾隆年间编修的《横州志》收录了明人诗作 90 余首，其中以伏波庙、乌蛮滩为题材的有 30 多首，占三分一。到了清代，以伏波将军、伏波庙、乌蛮滩为题材的诗文更是有增无减。光绪皇帝曾御书“铜柱勋留”匾额一块，以此“以顺舆情，而宏治化”。可惜御书匾额已经不知所终。在岭南，以伏波庙为题材的诗文更是不可胜数，这些诗文都成了岭南伏波文化重要的组成部分。

此外，碑刻的撰文与书丹者，时任南宁知府的蒋山卿也是“碑中之人”，值得一提。蒋山卿（1486—1548），字子云，号江津，仪真（今江苏仪征）人，明代政治家、文学家、画家、书法家，曾任工部主事、南京前府都事、浔州知府、南宁府知府、广西参政等。蒋山卿性格耿直、据理直谏、一身正气，在广西任上风采凛然，在八桂大地上留下了显著的政绩，为人们所爱戴。文学方面，有《南泠集》传世，《皇明诗选》收录了其诗作。书画方面，传世作品现藏于常熟市博物馆、北京故宫博物院。而《伏波将军庙碑》则是蒋山卿流传下来的字数多、尺幅大的行书作品，也是目前所知横州伏波庙明代碑刻中唯一一通以行书入碑的。因而，这一碑刻书法具有典型性，既反映个人的追求又能折射时代的风气。

总之，蒋山卿的《伏波将军庙碑》是岭南伏波文化的一个缩影，汉代以来岭南历史中的人、物、俗、文、事都在这通碑刻中留下了深刻的痕迹。而伏波庙则是伏波文化的汇集之地，伏波信仰、建筑艺术、民俗文化、文脉历史在这里都得到充分的体现。由此看来，横州伏波庙作为岭南伏波庙的代表列入全国文物保护单位也就顺理成章了。伏波文化在长期的历史积淀中也成了岭南文化乃至中华民族精神文化宝库中的重要财富，在当代社会建设、文化传承、心灵滋养中起到良好的作用。

（马一博）

王守仁的文化谋略

——南宁明代碑刻《敷文书院记》

嘉靖七年（1528）二月，王守仁以招抚之策平定广西思恩、田州叛乱之后，决意解决大藤峡、八寨地区多年动乱的问题。

因大藤峡、八寨地区局势关系到两广的安稳，王守仁继续驻扎南宁，暗中从事军事部署，明里，他却忙着兴办学校。嘉靖七年（1528）六月，王守仁在南宁创办敷文书院，亲自讲学。

王守仁在南宁创建的敷文书院，原有正厅、东西廊房和后厅。后人立王守仁像于后厅，名为文成公祠。万历七年（1579），明廷诏毁天下书院，敷文书院改为别署。万历十一年（1583），左江道陈希美、知府陈纪等人重修。明末，敷文书院遭毁。康熙九年（1670），左江道左翔、知府韩章重建。之后，敷文书院历经维修，至民国时犹存。

王守仁一生致力于书院教育，热衷讲学。他亲手创立或主持、主讲过的书院数量众多，分布广泛，有龙冈书院、文明书院、濂溪书院、白鹿洞书院、稽山书院、阳明书院、敷文书院等。田州动乱平定之后，他即刻更改田州府学，亲自选派教官，管理学校之事。为生员宣讲忠孝之道，提倡乡规民约，从各方面进行开导。学校建设好后，则要求生员统一入学，按照科考要求进行培养。

王守仁认为："理学不明，人心陷溺，是以士习日偷，风教不振。"他要改变当时南宁乃至广西这番状况，以引领风教，从根本上解决动乱。他为广西各地学校亲自挑选教官，委派原任监察御史降合浦县丞陈逅主教灵山县的学校，委派原任监察御史降揭阳县主簿季本主教敷文书院。陈逅其人素明理学，他后来担任灵山知县，清约自守，爱惜民力。陈逅为官清廉，离任之时，行囊萧然，没有多余财产。季本是王守仁的门生，他在平定朱宸濠之乱时，出力颇多，深得王守仁信任。福建莆田生员陈大章慕王守仁之名，远来南宁游学，王守仁觉得他通晓礼仪，特意安排陈大章入住南宁学舍，为诸生讲解演习。王守仁虽然政务繁忙，但在教育上做得非常细致。他要求"每日拘集该府县学诸生，为之勤勤开诲，务在兴起圣贤之学，一洗习染之陋"，强调"本院回军之日，将该府县官员师生查访勤惰，以示劝惩"。(《王阳明集》)位高权重的王守仁要查访学校的出勤率及教学实效，可见，他在南宁兴办学校，态度非常认真。

创办敷文书院，王守仁特意撰写了《敷文书院记》一文。其文在《征抚思田功绩文》一碑的基础上继续发挥，阐述他对叛乱的看法："凡乱之起，由学不明。人失其心，肆恶纵情。遂相侵暴，荐成叛逆。"也就是说，王守仁认为叛乱的根源在于教育没有办好，没有起到好的导向作用。他叙述建设书院，亲自讲学的作用："爱

南宁人民公园镇宁炮台内的《王阳明老先生遗像碑》

王陽明先生遺像

王守仁画像（据南宁人民公园镇宁炮台内《王阳明老先生遗像碑》绘）

进诸生，爰辟讲室，决蔽启迷，云开日出。各悟本心，匪从外得。厥风之动，翕然无远。”王守仁一直认为“破山中贼易，破心中贼难”。他认为一旦人心被感化，动乱自然平息，太平的局面将随之而来。他以招抚思恩为例来证明，“旬日来归，七万一千。濈濈道路，踊跃欢阗。放之还农，两省以安”（《粤西文载》卷二十九）。不动干戈，努力兴教，化解矛盾，治下太平，这是王守仁最认可的上策。

王守仁在南宁潜心讲学，罢湖广之兵，摆出不再任用的阵势，实为麻痹大藤峡、八寨方面。对方果然上当，“先是，贼酋诇知公住扎南宁，寂无征剿消息，又不见调兵集粮，遂皆怠驰，不以为意”（《王阳明集》）。嘉靖七年（1528）九月，王守仁突然起兵，趁敌没有防备，明军攻破牛肠、六寺等十余寨，平定了大藤峡。又循横石江而下，攻克仙台、花相、白竹、古陶、罗凤等地。同时他命令广西布政使林富率领田州土目卢苏、王受的兵马直抵八寨，攻破石门。明军副将沈希仪英勇善战，足智多谋，协同林富行军作战。八寨被迅速平定。在本次战斗中，土目卢苏、王受表现相当勇敢，“自备资粮，力辞军饷，实能舍死破敌，争先陷阵，唯恐功效不立，无以自白其本心”（谢启昆《广西通志·前事略》）。这也证明了王守仁田州招抚政策非常成功。

王守仁以剿、抚两手政策平定了广西多年的顽疾，时人及后世人多叹服不已！嘉靖时官至内阁首辅的蒋冕在《贺新建伯阳明王公平寇序》中赞道：“公既有功宗社，其名籍籍在天下，虽儿童女妇亦孰不知。”霍韬评价其广西之功：“扫而清之，如拂尘然。”

万历十三年（1585），陈希美撰写《左江道修复王文成公敷文书院碑》（1981 年移置南宁市人民公园镇宁炮台），碑文高度称赞王守仁的功绩："抱命世之才，倡绝学千载，昭揭良知之旨于天下，其发之而为事业，焕之而为气节，为文章载在国史，天下能播之，后世能传之。"

敷文书院旧址，今南宁市北宁路 42–1 号广西储备局宿舍门口，尚存《王文成公讲学处》石碑一块，嵌于壁中。该碑与南宁人民公园镇宁炮台内的《王阳明老先生遗像碑》，以及平果的《征抚思田功绩文》碑等，一道成为王守仁在广西的著名遗迹。

（何婵娟）

先贤崇祀与清初教化

——梧州清代碑刻李之玶《合建双贤祠》

《合建双贤祠》碑刻高 190 厘米，宽 103 厘米，立于康熙六十一年（1722），碑额篆书，正文为行书，现露天保存于梧州市中山公园晨钟亭旁。碑石表面有些许损蚀，但碑文基本能清晰释读。撰文者李之玶，广西苍梧人，生卒年不详，康熙年间任陕西延安府宜君县知县，宜君及梧州两地方志未详载其事迹。但在康熙四十八年（1709），康熙帝遣户部右侍郎张世爵致祭黄帝陵时，陪祀官中就有李之玶。

《合建双贤祠》碑文叙述了梧州先贤崇祀文化的渊源，先贤文化中首推崇祀韩雍的韩公祠与崇祀陈鉴的陈公祠。在明清易代时，回澜书院的陈公祠被毁。梧州郡民在回澜书院的旧址上重建先贤祠，将清梧州知府范大士与明梧州知府陈鉴合祀于一处，合祀之处称双贤祠。

梧州清代碑刻《合建双贤祠》拓片

合建雙賢祠

合建雙賢祠序

方域輿圖諸誌所重建置沿革先賢古跡者非所以徒名乃所以資寶而垂傳於後世也梧州當兩粵之衝固百粵名區所存先賢遺跡

不勝紀而最著莫如韓公祠東湖書院茶山書院及太守陳公祠之迴瀾書院大業群平定大藤大巨克豐功偉烈留澤萬年識之去祠

祀志遺愛也清惠之政政而歸建東湖茶山書院講道後學諸賢光當太守陳公諸儒名路頌之戴在郡乘是誌木傳[illegible]偕若其築

魚池引水井源頭之活水從南隆建城透迤而西豐北門極大橋而注之繼以游都城秀氣環上蒔桃柳春風雨過鶯啼吉如繪擬小六

至今在人耳目凡此皆有裨於民間之休戚古昔之興廢修築之大用繫百千萬載之謳思往來憑吊於斯莫不知其地為誰定之功

樂育之地藉為修舉之名迨明季兵燹之餘愈年名勝盡屬坵墟東湖茶山固未可復陳公祠向後捨捏與迎接田公復民卿士請緣

原其有香火田於恭真菴至太守陳公鄴天植因之益以清餘暨數椽額曰觀瀾書院當南薰門孔道後之當事者復因而廣之以為書

更其額曰迴瀾是前陳公祠在名存名亡似有似無間耳若中秘韓公祠則荒草一坏與古木寒鴉相晨夕遊勝尋奇莫嚴齒加不勝人

昔盛衰之異感概係之乃有讀韓公功德在人甚大不可終廢以

文廟之敬一亭祀之然韓公已祀名宦今又以敬一亭祀之韓公豐德大業即於文廟而受一亭似非過典但敬一亭離[illegible]擬予昆則韓公祠

之名存名亡又與敬一亭互為有名無迹邑侯劉君諱以貴山左名儒也來蒞茲土嗜文之癖雖甚嗜痂茶山書院府誌失名傳信弗信

君其縣誌舊稿得其名隨訪獲故址於東門內草創數楹日夕進諸生而皆課焉仍循其名曰茶山書院意茶山既復東湖書院豈應[illegible]

崇耶雖有待然振興之兆若勾之萌焉未幾盛典賞興者以考棚居城外非制乃徹迴瀾書院之磚瓦木石於北門內之賞功舊址建考

遷陳公主於茶山書院改茶山曰迴瀾甚矣茶山與迴瀾皆樂育地茶山可迴瀾亦可獨是以茶山而曰迴瀾則迴瀾存而茶山寢是則茶

山書院之存亡又與陳公祠之迴瀾書院似有似無互為貞復矣太守范公諱大士號覺堂如皋人系出忠宣於康熙五十六年蒞梧

乃餘造士宜民善政善教淪士民之肌而洽士民之髓者載在十邑歌謠樂只中公有克家之自能為公廣其[illegible]與肥鄉政畧並傳

邊圍邑侯厲下葛羌祖陳楨概夫何天奪福量一朝遽殞士民思之思之不置合屬同心議建祠祀垂不朽謀吾吾地見迴瀾舊址存焉乃

請以建祠議者曰范公固宜祀然以見在而掩過去非所以示未來應復陳公之舊而合祀范公名其名曰雙賢斯為美矣余曰吾謀及

成功既竣命余記其事余不敢忘記載才但因雙賢之與始述其間之存亡繼續垂表而出之則是役也不特范公留澤可以千古可以

為年抑且可以使愛禮存羊存禮之君子因雙賢而溯及迴瀾之興廢因迴瀾之興廢而溯及茶山東湖及韓公敬一之存亡於戲偉

哉於戲偉哉是為序

昔

康熙六十一年歲在壬寅季春穀旦原任陝西延安府宜君縣知縣邑人李之玠拜譔

關為寅 易獻 李世瑞 王翰 林盛青 曹玉德 陳鎔 高栻

合郡紳衿士民羅錦 蘇表憲 胡溥 吳植 熊倫 丁益學 胡建 陸義和 等公建

黎子淳 羅弘晴 施萬侯 李洛 梁承獻 麥陶然 劉源和 梁貴

祠傍餘地每年起租十二兩五錢額徵完糧銀六錢九分二厘除完糧餘租給與看祠人永挂香火工食之用

先贤崇祀是儒家伦理在地方推广的重要体现。先贤代表了中原先进文化在一个地方生根发芽，也代表当地教化推广的水平。先贤文化情结在中国人心中占据重要的地位，不仅志书中广泛罗列先贤事迹，地方学宫及书院也对地方先贤立像供奉。查历代记载的先贤事迹，在其踏足当地前，当地基本为民风彪悍之地。先贤成就基本为开学堂、驱除匪患和兴修水利。经过先贤营建，当地风俗为之一变。方志体现的先贤行教化之责，为边远地区纳入统治秩序做出贡献。《合建双贤祠》碑文提及两名知府，一位为晚明时期的梧州知府陈鉴，生卒年不详，云南石屏人，府志载其在万历四十五年（1617）任梧州府知府。任职次月，梧州城发生大火，城内民居尽毁。陈鉴走访受灾区域，自掏腰包为当地赈灾。当时有顽民趁灾害四处剽掠，陈鉴毅然肃清治安。当年，西江流域州县遭遇洪灾，饿殍满地，陈鉴开仓放粮，又从广东购入粮食接济民食。陈鉴开建了梧阳书院以教授士庶子弟，其在梧州四年，后任浔州分守道，离任后，梧州郡人建陈公祠纪念。陈公祠在梧州府城南熏门外，天启时期建成，后废弃。康熙二十五年（1686），梧州知府陈天植在旧址上建设回澜书院（府志中提及陈公祠在观澜书院，李公祠在回澜书院），内祀陈鉴。由于陈公祠濒临江边，后遭水灾而被废弃。

碑文中提及的另一位先贤为清代知府范大士，号觉堂，江苏如皋人，生卒年不详，康熙五十六年（1717）任梧州知府，其宦迹在府志中未载。康熙五十九年（1720），范大士在已经遭废弃的原址上捐资重建了回澜书院。后范大士病死任上，鉴于范大士出资重建书院的功绩，郡绅出钱捐资，将范大士与陈鉴合祀一处，陈公祠遂改名为双贤祠。

先贤崇祀的习惯与儒家伦理教化息息相关，先贤崇祀的对象一般为历代对当地有影响的人物。在世居族群较为多元化的西江流域，地方官府在先贤崇祀中树立起移风易俗的标杆，起到了改变地方风俗的作用。方志中载，梧州的先贤崇祀从北宋绍圣年间开始有考，绍圣年间的梧州知府李亨伯建六贤祠崇祀汉苍梧经学家陈钦、陈元、陈坚卿及统治交州很长时间的地方豪强士燮、士壹、士廞家族。士燮在梧州先贤中的地位较高，当地还曾有专门崇祀士燮的尚书庙。士燮的影响力甚至播迁到今越南北部一带，至今越南人仍称其为“士王仙”。后李亨伯又在冰井寺建七贤祠，崇祀汉太守陈稚升、喻猛、陈临，晋安南将军滕修、唐刺史郑畋、宋知州陈执中和梁适。在汉唐时期安定岭南的人物，在明以前的梧州也有崇祀，如唐卫国公李靖和鄂国公尉迟敬德。明代岭南陷入了地方动乱频仍的状况，先贤崇祀亦达到一个高峰，明中后期建立的先贤祠崇祀对象包括汉将军路博德、马援，宋将军狄青，总督两广都御史的韩雍、叶盛、王翱、姚谟、王守仁和殷正茂，这些人物以军事和政治手段在平定岭南局势中建立了显著的功勋。除了显赫的军政人物，当地士人和治理当地的基层官僚也属于崇祀的对象。

先贤祠的设立与书院制度在岭南播迁有着很大的关系。书院是中国传统教育机构，产生于唐，定制于宋，明清时期成为地方各势力合建的教育机构。《合建双贤祠》提及了三所书院的名字：

东湖书院、茶山书院、回澜书院。东湖书院在梧州府城东门外，明弘治十八年（1505）由梧州籍名臣吴廷举致仕（指退休）后返乡建立，因此吴廷举又被称为“东湖先生”。在清人所载的梧州府志中，东湖书院在清代时已废弃，而回澜书院则历经变迁。回澜书院在梧州府城东门内，原为苍梧县义学所在。康熙三十五年（1696），苍梧知县刘以贵改建为茶山书院，康熙四十六（1707）、康熙四十九年（1710）均得到扩建，知府李世孝为书院购置学田。雍正三年（1725），广西巡抚李绂将其更名为传经书院。在梧州府城内的书院大多废圮之时，传经书院依然存续，并留下了传奇的历程。传经书院在清末成了梧州及广西近代教育转型的践行者，光绪二十二年（1896），在传经书院创办中西学堂，后又办起苍梧师范讲习所、苍梧城厢公立女子师范学校。宣统元年（1909），又在传经书院内设立了法政讲习所。《合建双贤祠》碑即是传经书院前身回澜书院的物品。

岭南碑刻的撰写与中央对岭南的治理息息相关，虽然汉代岭南建立了部分城镇，引入部分移民。但由于环境与当地复杂的族群关系，汉晋后的岭南只有部分地区得到开发。唐宋时期，中国南方开发的重点主要为先江南再到江西、福建等地。当时岭南为南方的“边缘之地”，被称为“南徼”，徼为边界之意。明初，中央对平定的岭南进行了大规模的户口统计，并征收赋税，在一定程度上维持了四民乐业的状况。但明代中期一系列赋役制度的崩坏使全国产生了流民危机，在岭南地区则形成了一系列地方动乱和起义，典型的如珠江三角洲的黄潇养之乱、浔江地区的大藤峡起义、粤桂毗连地区的罗旁起义。一系列地方动乱和起义促使明朝政府下大力气经略岭南，引入儒家思想对当地风俗进行整治，基层官员大力建先贤祠。

到明末清初，情况则有所改变。两广地区，尤其是西江流域，成为南明政权及清朝反复争夺的地域。南明是崇祯皇帝在煤山自缢，明朝统治秩序在华北崩溃之后，南方的士大夫及官员继续拥戴朱氏帝系的政权。西江流域为南明政权统治腹地，南明朝廷曾在桂平开炉铸币。1653—1654 年，抗清名将李定国转战两广，先后发动两次东征，经梧州往肇庆进军，但每次都在离广州城不远处被挫败。尤其是 1654 年李定国在新会战败后，其麾下师旅折损大部。这一次失败使南明朝廷的势力基本被逐出两广。

在南明朝廷被攻灭后，三藩成为清朝尾大不掉的问题。因削藩问题，三藩之乱起。经过清军与吴三桂军队的反复争夺，在当地士人支持下，康熙二十年（1681）底，清朝重新恢复了在广西的统治。三藩之乱的平定，让清朝的统治更为稳固。

清代统治岭南的方式比较特殊，清廷的教化措施在于将明代平定岭南有功的勋臣及治理地方卓有成效的官僚作为先贤继续推崇，同时对清代当地官僚纳入先贤行列树立崇祀的威信，并将明清两朝名宦共祀一处，发挥清承明制，完成在岭南权力交接的效果。为了完成这一过程，清廷将先贤崇祀的主力转移至基层士大夫，由致仕官员出面，地方士庶捐树立资新的先贤祠，这就是《合建双贤祠》的撰文来由。

（陈宇思）

百嶂千峰古桂州鄉來人物固難
詔策足之誰兆道藝流鍾譾才歉嗣
前旒三君八後儔鄉秀穩步天津
桂林山水甲天下玉碧羅青意可
振文場端似戰場酣九關虎豹看
劉談老眼摩挲頓增爽諸君端是

石头上的文学

唐人的唱和与雅兴

——桂林龙隐岩唐代摩崖《张濬刘崇龟杜鹃花唱和诗》

《张濬刘崇龟杜鹃花唱和诗》是唐代留在桂林龙隐岩绝无仅有的石刻诗歌。摩崖位于桂林龙隐洞，唐昭宗乾宁元年（894）刊，高 47 厘米，宽 77 厘米，真书，字径约 3 厘米。

因石刻残泐严重，字迹多模糊，该诗录文有多种版本，如明黄佐《广西通志》，《全唐诗》收刘崇龟《寄桂帅》，《金石续编》及《八琼室金石补正》等皆有收录。今桂林市文物博物管理委员会编《桂林石刻碑文集》三卷本（内部资料）、日本学者户崎哲彦《桂林唐代石刻的研究》中辑录考证亦有区别，秦冬发《〈张濬刘崇龟杜鹃花唱和诗〉辨识始末》更是根据拓片和石刻照片对比论证字迹，又从字词语义、石刻本事等多方面详加论证辨别。各个版本对录文存疑辩证主要有“因别”与“用别”“以别”，“观花”与“相花”，“何人”与“诗人”“闲人”，“任施”与“红苑”，“信得春”与“倍得春”“信有春”，等等。在综合上述各种版本的基础上，在此录文以记。

桂林龙隐岩唐代摩崖《张濬刘崇龟杜鹃花唱和诗》（桂海碑林博物馆供图）

张濬诗曰：

幄中筹策知无暇，
洞里观花别有春。
独酌高吟问山水，
到头幽景属闲人。

刘崇龟和曰：

碧幢仁施合洪钧，
桂树林前信得春。
莫恋花时好风景，
磻溪不是钓鱼人。

这一摩崖作品刊刻的是一组唱和诗。诗词唱和传统源远流长，是古代文学史上一种特殊的文学活动，文人用诗歌相互酬唱、赠答。至唐宋，唱和之风达到鼎盛，涉及文人面也较广，唱和的风行不仅可让诗人切磋技艺、增进感情，亦可反映一定的社会生活及文人活动。石刻中的唱和诗文多在相同时空的基础条件上兴起而作，当经验相近或是追慕效仿的唱和者面对同一时或同一地的情景进行唱和并附之于具体情境时，更能调动参与者的所感所为，创作出趣味相同且情景交融、旨趣相似的佳作。张濬与刘崇龟这组最早的唱和诗石刻，名为咏唱杜鹃花，实质上却是对戎马生涯与宦海沉浮的精神写照。

张濬，字禹川，河间（今河北河间）人，一生在宦海里起起落落，早前不得志，后官至左仆射。刘崇龟，字子长，咸通六年（865）进士，出为广州刺史、清海军节度、岭南东道观察处置等职。唐乾宁元年（894），张濬因妄议军事，并出师失利，被贬为广西绣州（今桂平）司户参军，《旧唐书》载其“行至蓝田关不行，留华州依韩建”，其后一段时间经历史籍无载。但《北梦琐言》载张璟于乾宁元年到桂州谒见“连帅张相”，连帅当指节度使、桂管经略使，而张相应即张姓宰相，亦即张濬。并且根据摩崖唱和诗所记，张濬当时应在桂林，且受到了桂管经略使周元静的款待，并在龙隐洞前小东江畔暂住了一段时间。其时正值春季，两岸盛开的杜鹃花令人赏心悦目，张濬情不自禁走笔偶成，得杜鹃花诗一首，用以告别周元静并兼寄呈广州仆射刘崇龟。张濬作此诗时正值宦海低潮，或被桂林春日山水所感，心中逃避现实、归隐山林、独酌高吟之叹油然而生，遂作诗以抒怀。崇龟收到此诗后次韵和诗一首，诗言“莫恋花时好风景，磻溪不是钓鱼人”，劝慰张濬不要消沉于山水之中，且以姜子牙磻溪钓鱼遇文王的典故来宽慰张濬，希望他能振作起来。刘崇龟的诗寄到桂林时，张濬或已离开，周元静遂请将仕郎前守监察御史张岩书刻于龙隐洞的岩壁之上。优美诗文与情谊交流背后是社会大动乱的时代厄运，桂帅周元静不久后亡于藩镇割据的战乱中，张濬虽欲重回相位，但迫于政敌与时局压力，终退居山野，后被将图篡代的朱全忠派人暗杀于家中。诗文刻石十二年后，唐亡，但这一诗文及其刻石依然流传，其背后的历史人文仍将被记载。

同时，诗刻序文记载的人物官职反映出唐代特别而又复杂的任官形式。诗歌序文中提到了“桂帅仆射”“广州仆射”“桂州仆射”“前岭南东道节度使检校右仆射”“将仕郎前守监察御史”等官职身份。唐代官制分为中央官制、地方官制、少数民族政权的职官制等几个方面，其政务机关、事务机关职责分明，监察机构完备，还有完备的品阶勋爵制度，如《新唐书·百官志》言，“其

辩贵贱，叙劳能，则有品、有爵、有勋、有阶”。地方官制方面，唐初依隋旧制，地方上有州（郡）、县两级，唐代中期出现府、道。州的长官为刺史，诸如唐时广西长官称为桂州刺史。唐代开始设立了地方军政长官，即节度使，初设主管军事、防御外敌，唐朝天宝后，又兼所在道监督州县之采访使，集军、民、财三政于一身。唐玄宗开元年间，设立了碛西、河西、北庭、陇右、朔方、河东、范阳、平卢、剑南、岭南十个节度使。其中，岭南节度使在唐肃宗至德元年（756）前称为岭南五府经略使，后升经略使为节度使，治所在广州。唐代后期常以仆射为节度、观察等使的加官，用以表示其品秩的高下。仆射，仆是“主管”的意思，古代重武，主射者掌事，故诸官之长称仆射。唐宋左、右仆射为宰相之职。所以此摩崖中的“桂帅仆射”“桂州仆射”应皆指时广西长官周元静。古代的任官形式又在官称或职事的前面或后面加上某种特定称谓，以表达不同的任用性质。唐代，有行、守、兼、试、摄、知、检校、直等加在前面，这些不同的任官称谓有着不同的适用范围和任用性质，其背后都隐藏着深广的社会内容。检校，即审查核对、核实详细解释、查核察看。唐代职官制度中的“检校”一词，前后使用区别甚大。初唐“检校”通常指“代理”，或者指肩负某种临时的使命。“检校”官后渐次形成了一套用以起到作为本官以“假借官资”、安抚叛将军阀、酬奖军功、虚衔饰人等主要用以表达恩宠而不具实权作用的“检校官”体系，是一种荣职。所以在此摩崖中，刘崇龟的官职身份“广州仆射”“前岭南东道节度使检校右仆射”是地方最高长官，又兼含恩宠荣誉其中。而摩崖的书刻者张岩所署官职“将仕郎前守监察御史”亦颇复杂。首先，古代以散官表示官员等级，有官名无职事的官称，隋唐时始分置文、武散官，唐设置了自开府仪同三司至将仕诸郎从一品到九品、共二十九阶的文散官。“将仕郎”为最末的从九品下阶。监察御史，主要为负责记录的史官、秘书官，本为史官，由于掌管记录、收受和保管文件，往往成为国君的耳目，带有监察性质。唐代监察御史为正八品下，分掌台院、殿院和察。官职加前“守”，即表示官员所担任职事官的官品高于该官员所带散官的官品、超过一阶时，则保留所带散官，结衔中加一“守”字以表明此状态。摩崖诗刻全文字数仅一百多字，涉及人物四位，官职身份不同，却反映出了唐代官职的基本制度情况，以刻石的形式将唐代官职文化流传于山水间。

综合以上，史籍中并无张濬、刘崇龟等人的详细交游记载，但石刻提供了考证交游的文献。从其记载的唱和活动与反映的官职文化或可推断参与者之间的交集，张濬与刘崇龟的唱和、周元静与张岩的中介及书刻等交游活动或基于同属某一地域的官场，虽职务官阶不同，但缘职事相连，又因诗而进一步交流，也反映出文学活动对文人仕宦生活与精神的影响。

（蔡文静）

叠彩山风景的发现

——桂林叠彩山唐代摩崖元晦《叠彩山记》

桂林市叠彩区因叠彩公园、叠彩山而得名。叠彩山由于越山、四望山、仙鹤峰、明月峰组成：于越、四望在前（南），东西屏列，山势低缓；明月、仙鹤在后（北），并峙特立。山体远望如彩缎相叠，酷似锦缎，素有“江山会景处”称誉。最高的仙鹤峰海拔 251 米，相对高度约 100 米，是漓江岸边较高的山峰。若登上明月峰，驻足拿云亭，全城景色尽收眼底，“一面晴风四面山，望疑仙境在人间”，山上萝垂绝壁，树列苍崖，有如残霞断霭丝锦堆叠。如此美丽的叠彩山，其名称是如何得来的，又是什么时候被世人发现的呢？这就要从山上的一通石刻，唐代元晦的《叠彩山记》说起。

元晦，唐代河南人。宝历元年（825）登贤良方正、能直言极谏科，文宗大和（827—835）中，累官升至殿中侍御史。大和九年（835），任吏部郎中，后出为建州刺史，会昌二年（842）到桂林，任桂管观察使。桂管观察使是唐朝安史之乱后为加强边

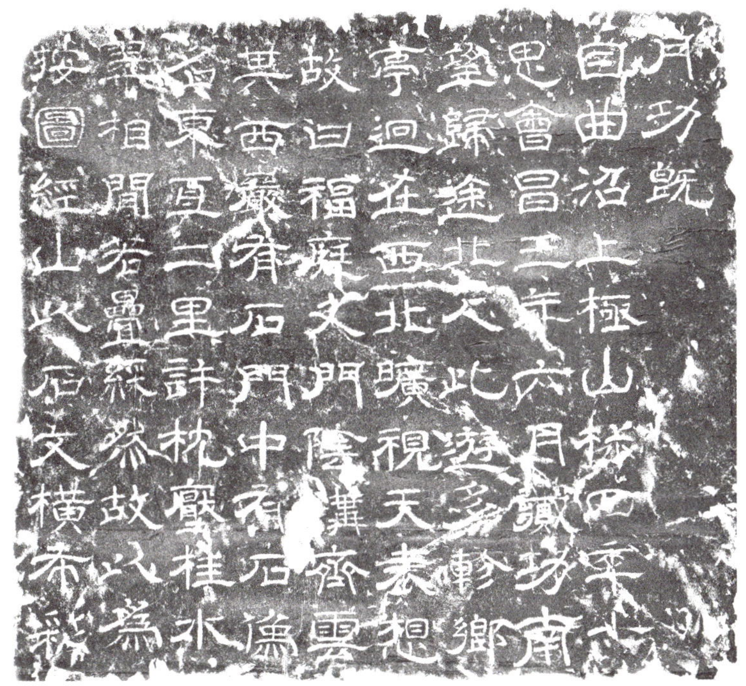

桂林叠彩山唐代摩崖元晦《叠彩山记》拓片（桂海碑林博物馆供图）

疆地方治理而设立的方镇之一，全称桂管都防御观察处置等使，简称桂管，设经略观察使一员，掌管军、政事务，领戍兵1000名，治所在桂州（今桂林）。桂管观察使兼任桂州刺史，领桂、梧、贺、连、柳、富、昭、环、融、古、思唐、龚、象十三州，是名副其实的封疆大吏。五年后元晦调离桂林，转任浙东观察使，

大中元年（847）授卫尉卿，分司东都，官终散骑常侍。在《全唐诗》卷五百四十七有存诗两首，《全唐文》卷七百二十一存文两篇。岁月悠悠，现在关于元晦的史料就只留存这么多了。那唐代大名鼎鼎的诗人元稹，和元晦是什么关系呢？没错，元晦就是元稹的侄子。

元晦任桂管观察使五年，史书上并没有特别记载他的政绩，反倒是他在桂林叠彩山刻下的两篇文章，不仅流传至今，收入《全唐文》，而且他开发建设了叠彩山，可谓开发叠彩山的第一人。清人李秉礼曾写诗赞美叠彩山："漓江下澈净如练，水底倒插青芙蓉。红树人家秋瑟瑟，夕阳台榭烟蒙蒙。"徐霞客也在游记中提及："乱石层叠错立，浪文花萼，腾簇眩目。"叠彩山如一株青芙蓉倒插江水，水清红树，秋叶瑟瑟，烟雨蒙蒙。叠彩山最出名的就是山上层层堆叠的山岩。相传王母为给自己的寿辰喜庆增添新意，差七仙女来到桂林，欲将这美丽的山水景色织于锦上带回天宫。七仙女下凡后，选择将江边一座青山作为桂林山水的代表织成彩锦。仙女织就，世间美景，这彩锦就被盗贼盯上，先是出高价求购，遭拒绝后又勾结官府意欲强行夺取，七仙女将彩锦藏匿于这青山的岩石缝里。等盗贼无功而返后，七仙女去找彩锦，彩锦已化成如一匹匹锦缎堆叠而成、艳丽夺目又光彩照人的山峰，这便是叠彩山了。

传说只是给叠彩山增添了神奇的光环，真正发现叠彩山之美的是元晦。叠彩山是桂林开发最早的游览胜地，会昌四年（844），元晦对叠彩山原有建筑进行修葺，组织人力开发叠彩山，修筑道路，营造亭阁，栽种花木，增建一些亭阁，使之焕然新奇。而明月峰东侧以垂直陡崖雄踞壁立于漓水之上，人们以其高可揽月。峰顶拿云亭，是桂林最佳观景点，叠彩山就成为"公私宴聚较胜争美"之地，亭旁的石壁上刻有明代名将、广西总兵王鸣鹤（字羽卿）题写的"江山会景处"榜书。江山会景，岩若堆锦，望文见义，触景生情，让人陶醉其间。

元晦还亲撰《叠彩山记》《于越山记》《四望山记》及"叠彩""于越""四望"等题榜，刻于山崖。自此，叠彩山成为游赏之地，时人或于良辰佳节在此公私宴聚，或登临山顶极目烟水，以寄思乡之情。《叠彩山记》摩崖石刻在叠彩山风洞，高 33.5 厘米，宽 41 厘米，隶书，字径 3 厘米，行文一反古人风格，如今天一样右行："按《图经》，山以石文横布，彩翠相间，若叠彩然，故以为名。东亘二里许，枕压桂水。其西岩有石门，中有石像，故曰福庭。又门阴构齐云亭，迥在西北，旷视天表，想望归途，北人此游，多轸乡思。会昌三年六月蒇功，南自曲沼，上极山椒。四年七月功既。"元晦指出了叠彩山得名的由来，并以明月峰、齐云亭为佳景，登上齐云亭，桂林全城尽收眼底，举目仰视前方，叠彩山的山石如锦彩绸缎，层层叠叠，蜿蜒而出，使人物我两忘，不知何处何年。

在四望山，元晦还刻有《四望山记》，文字一样是右行，高 38 厘米，宽 41 厘米，隶书，字径 2.5 厘米，内容是："山名四望，故亭为销忧。亭之前后，绵络山腹，皆溪梁危磴。由西而北，复东上叠彩右崖，至福庭石门，约三十余步。"四望山在叠彩山西

南，与东南之于越山相对，以山间径道相隔，山上“乱石纵横，枕藉排突”，登山可四面临眺，四面尧山、漓江、穿山、塔山环绕。从元晦的文章我们知道，他建有销忧亭，可惜被毁了。另元晦有《于越山记》记载于越山盛景，《全唐文》未录其文，据《桂胜》记录，此文摩崖在于越山，但在明代就已“文多剥落不可读”，如今更是难见其迹。于越是古代越人的一个分支，秦时以百越之地为桂林郡，所以以“于越”命名桂林的一座山峰。元晦曾在于越山筑“写真堂”，朝夕读书绘画于山间，在山顶建有于越亭，后来废弃了，现于越亭为新建的。

元晦现存诗两首，也和桂林相关，一是元晦在宝积山华景洞口修建岩光亭，作《越亭二十韵》诗；二是当他离开桂林时，作《除浙东留题诗》感叹：“西邻月色何时见，南国春光岂再游。”诗中道出了元晦对南国桂林山水风光的依依不舍。

元晦主政桂林期间，对桂林的众多山水进行开发建设，尤其是对叠彩山的开发建设厥功至伟，称其为开发建设叠彩第一人，当之无愧。

（王正刚）

岩泉孕灵秀，云烟纷崖壁

——桂林南溪山唐代摩崖李渤《南溪诗并序》

李渤（772—831），字濬之，号少室山人、白鹿先生等，河南洛阳人（一说陇西成纪人）。《旧唐书》《新唐书》都有李渤的传记。元和九年（814），李渤开始步入仕途，历唐宪宗、穆宗、敬宗、文宗四朝，担任过著作郎、右补阙、考功员外郎、虔州刺史、江州刺史、谏议大夫、桂管观察使、太子宾客等官职，享年59岁，追赠礼部尚书。

宪宗朝，李渤因上疏刚直陈言违背要臣意愿，称病辞官。穆宗朝，征召为考功员外郎，校考官员时，李渤上奏称宰相萧俛、学士杜元颖为官不称职，不能劝谏皇上，评定为中下等，后被指出其所考核的标准违反朝廷制度，其奏疏不了了之。后受杜元颖弹劾，贬为虔州刺史，不久又迁江州刺史。敬宗朝，征召为职方郎中，后迁谏议大夫。宝历元年（825），面对崔发与宦官事件，李渤据理力争，认为宦官犯罪在改元大赦之后，应该受到惩戒，被皇帝认为与崔发同党，命李渤出任桂管观察使。

《南溪诗并序》是李渤担任桂管观察使期间所刻，石刻高 226 厘米，宽 113 厘米，在桂林南溪山玄岩。石刻序文末尾落款宝历二年（826）。

石刻内容由序和诗两部分组成。序文是一篇成熟优美的山水游记小品，《全唐文》没有收录，吴钢《全唐文补遗》进行了补录；诗为五言长律，押平水韵，见于《全唐诗》。

《全唐诗》共收李渤诗四题五首，其中有《留别南溪二首》，是大和元年（827）李渤托病罢官时所作。第一首“常叹春泉去不回，我今此去更难来。欲知别后留情处，手种岩花次第开”，既有对桂林的不舍之情，也有对自己开创南溪山的欣慰之意。这首诗于南宋绍兴二十年（1150）被桂林人张仲宇补刻在南溪山白龙洞，今天还能看到。此诗石刻落款“太和二年”，“太和”当为“大和”，唐文宗年号。且落款时间与李渤大和元年离职的史实不符，可以推知，此诗非依据唐代石刻原样重刻，也可能没有被李渤本人刻在石头上，是南宋时桂林人自发性的刻石之作。第二首“如云不厌苍梧远，似雁逢春又北归。惟有隐山溪上月，年年相望两依依”，也尽显深深离别情，但没有补刻在南溪山，从诗中有“隐山”二字看，当是留别隐山之作。二诗留别的对象不同，《全唐诗》将其归于一题，应是失察了。

桂林南溪山唐代摩崖李渤《南溪诗并序》拓片（桂海碑林博物馆供图）

廣[illegible] 成紀縣[illegible]

[illegible]雒山右連陽[illegible]白[illegible]左[illegible]崖[illegible]靈[illegible]同[illegible]如[illegible]

[illegible]谷連[illegible]雒太[illegible]百步空巖巖不有[illegible]新泉出有一

洞九[illegible]西南田白龍洞[illegible]貴[illegible]王西北白岑巖洞曲通[illegible]遇晴眺[illegible]水岑巖[illegible]

曰丹[illegible]龍之者曰多室[illegible]北[illegible]至仙室仙[illegible]有[illegible]景[illegible]雲[illegible]

室[illegible]者疑化詭譎奇[illegible]如傘如蓋始[illegible]明[illegible]

[illegible]偃[illegible]其玉池[illegible]廣[illegible]戶迴還[illegible]

四里[illegible]首[illegible]自[illegible]

[illegible]之人[illegible]鼎[illegible]

[illegible]也[illegible]溪[illegible]部[illegible]因曰為[illegible]

公巖靈[illegible]新泉[illegible]出[illegible]巖泉[illegible]靈[illegible]天[illegible]洞固神關[illegible]未窮

詩

[illegible]青[illegible]東[illegible]丹爐有遺[illegible]石[illegible]無[illegible]跡

[illegible]猶浮丘翁[illegible]此[illegible]

嘗眺[illegible]銘[illegible]

清[illegible]子李[illegible]

李渤的《南溪诗并序》因刻在摩崖上，所以在各类金石文献中都有著录，如清谢启昆《粤西金石略》、陆耀遹《金石续编》、陆增祥《八琼室金石补正》等，都著录石刻原文，并考证李渤官履事迹。

李渤《南溪诗并序》与李涉《南溪玄岩铭并序》刻在一起，为一时所作。李涉是李渤的二哥，贞元十四年（798），两人一同在庐山白鹿洞隐居。李涉《南溪玄岩铭并序》称："渤受天雅性，生不杂玩。少尝读《高士传》《列仙经》，游衡霍幽遐之境，巢嵩庐水石之奥。凡俗所觏，必皆砻磨大璞，剪凿遗病，意适而制，非主于名。宝历初，自给事中出藩于桂，一之年治乡野之病，二之载搜郛郭之遗，得隐山、玄岩，冥契素尚。"玄岩即玄岩洞，为南溪山玄岩洞、白龙洞二洞之一。

李渤在桂林，除了南溪山石刻三通，还有隐山石刻三通，共六通。南溪山除以上提及的两通，还有"少室"榜书一通。隐山三通为《李渤吴武陵等八人隐山游记》《留别隐山》《题隐山六洞名》。吴武陵《新开隐山记》、韦宗卿《隐山六洞记》对李渤开创隐山的过程记载非常详细。李渤砍伐荆棘，疏导山泉，将山、泉、溪、潭、峒等，命名为隐山、蒙泉、蒙溪、金龟、北牖，在山顶和北牖之北建亭，以便观景之用，还建有厨、廊、歌台、舞榭等，可见当时建设盛况。李渤在桂林两年，发掘南溪山、隐山等地，开创山水旅游之外，修浚灵渠，加深河道，增加斗门，方便来往船只的通行。又提建常平仓，稳定谷价，保障民生，发展经济。李渤的德政，对桂林社会经济、历史交通、文化旅游等方面的发展做出了重要贡献。

李渤在桂林时期，重有归隐之意。李涉的玄岩铭铭文中即着重提及李渤对道士、仙人的喜爱之情，命名隐山，也是出于对早年隐居生活的一种回忆与寄托。李渤所处的时代，政治环境极为恶劣，即使他一直受皇帝直接征召入官，但因皇帝更替太快，而沉沉浮浮，不免有无力回天之感。但他已入仕途，心怀民生，难以割舍。大和五年（831），李渤被征为太子宾客，仅月余便病逝。可谓为了心中大义耗尽一生。

李渤在庐山白鹿洞、嵩山少室山等地隐居时，才名传至朝廷，受人举荐，于贞元十七年（801）和元和元年（806）两次被征召入官，但李渤都不接受官职。元和三年（808），韩愈写信给他，诚辞恳劝，愿其"起与天下之士君子乐成而享之"，李渤最终同意出山。元和六年（811），韩愈《寄卢仝》诗有"少室山人索价高，两以谏官徵不起"句，对李渤不吝称赞。欧阳修在《新唐书·李渤传》末也评价他："孤操自将，不苟合于世，人咸谓之沽激。屡以言斥，而悻直不少衰，守节者尚之。"有气节之人是相互崇尚的，李渤与韩愈的交往就是这样。在中国历史长河中，守节之人往往能名垂千古，蜚声海外。

（侯永慧）

诗人与书法家的唱和

——桂林龙隐岩宋代摩崖米芾、程节唱和诗

在桂林月牙山龙隐岩，有一块摩崖刻着米芾、程节唱和诗，宋徽宗崇宁元年（1102）刊。此摩崖高60厘米，宽95厘米，行书，字径3.5厘米。摩崖全文为：

米芾诗

诗送端臣桂林先生兼简信叔老兄帅坐。江湖从事米芾。

骖鸾碧玉林，琢句白琼瑶。
人间埃壒尽，青罗数分毫。
程老列仙长，磊落粹露膘。
玉沥发太和，得君同逍遥。
刻岩栖乌鸦，陟巇透紫霄。
南风勿赋鹏，即是登云轺。

建中靖国元年，真州清燕堂东园书。

桂林龙隐岩宋代摩崖米芾、程节唱和诗（桂海碑林博物馆供图）

程节和米芾诗

教授推官出示米元章诗，词翰俱美，三四读不能休，敬书二十八字谢之。鄱阳程节上。

万里湘南泮水遥，清风来拂瘴烟消。

袖中突兀龙蛇出，聊慰天涯久寂寥。

崇宁元年三月清明，庐陵李彦弼书。龙隐住持仲堪刻石。

这组摩崖唱和诗乃赠答诗，以诗替代书信赠答，分为诗和序，将友人间完整的赠答唱和活动永远定格在了山崖石壁之中。序文

记录了赠答之梗概及摩崖刊刻之前因后果，诗歌则以桂林整体印象为大背景，以景寓情，并感发友人之间的真情厚谊。

这组唱和诗背后的故事缘于桂林，是桂林山水以及人文政事将三位来自不同地域却有着相似游宦经历的宦游者联结在一起。据方信孺跋刻《米芾自画像》可知，米芾曾任临桂县尉。李彦弼，字端臣，乃米芾的诗友、书友。李彦弼以奉议郎通判桂州兼管内劝农事，在桂林长达 15 年，对桂林建设、文化多有贡献。程节，字信叔，由朝散大夫权广西转运副使，晋直秘阁兼广西经略安抚使，权知桂州。

建中靖国元年（1101），米芾于真州东园设宴为因受元祐党人事件影响而即将赴桂林任教授推官的李彦弼送行，并以诗歌赠李端臣兼呈时任地方长官的程节。米芾送李端臣之桂林诗，状物写景，词翰俱美，更饱含友人情谊与溢美之情，于送别之情中融合了鼓励、乐观之情。曾游经桂林的米芾将对青山秀水的赞美、对桂林长官程节之品行的赞颂以及对受元祐党影响遭贬至桂林的李彦弼的鼓励自然串联于诗，以山水胜景与高洁人品来鼓励失意的友人。米芾赠诗致程节“三四读不能休”而答诗以谢，程节和诗中也借山水来兴起其感怀之情。米芾的赠诗将印象中的桂林山水形容成“骖鸾碧玉林，琢句白琼瑶。人间埃壒尽，青罗数分毫”的瑶池仙境，以美景与程节之人品消解端臣对岭南之地的畏惧，又巧妙用“勿赋鹏”“登云轺”以勉励。“赋鹏”典出《史记·屈原贾生列传》，贾谊以鹏鸟落其座旁为不祥之兆而作《鹏鸟赋》，用以代指对厄运的忧愁悲叹，自伤不幸。“云轺”指晋人郭璞《游仙诗》中所言的“传说神仙以云为车”。米芾如达者观“赋鹏”，以此鼓励端臣若能乐观以对，则能在桂如履云车享逍遥。程节的答诗亦借景写情，以桂林“万里湘南泮水遥，清风来拂瘴烟消”来比拟友人给予的慰藉之喜，以清风喻情谊消除人生之瘴烟，并于诗中表达收信的喜悦以及今后的展望。而后，李彦弼书程节和诗，又由龙隐住持仲堪刻石，将赠答诗文与情感记录刻在了龙隐岩。

或许正是在这样的赠答互动基础上，以米芾的赠诗作为桥梁，李彦弼与程节两位异乡寓桂仕宦在桂林成了挚友，他们于政余闲暇之时结伴游览诸山，整山治水，多增胜迹。程节曾重建唐代逍遥楼并将其改名湘南楼，修建“一时宾从之喧咽，人物之丰繁，犹可想见其盛”的八桂堂，李彦弼为湘南楼和八桂堂作记，其词皆侈丽可观。李彦弼于记中赞湘南楼景观“骏骋雄张，环矮城郊”“云烟之变化，风月之朝昏，千态万状”，又赞程公“识量虚明，礼贤扬善，髦俊之士，翔集府下，号为冠盖之盛”，这与米芾、程节所作赠答诗中对桂林胜景的描述异曲同工。龙隐有程节小像，李彦弼撰喜神赞曰：“玉立千仞，陂汪万顷。神抱天倪，明韬内景。卷舒幄筹，阖开蛮岭。声缠斗南，功篆金鼎。”同时，程节与李彦弼各自在桂林又多有题刻，如程节与友人在龙隐岩、还珠洞等留题。李彦弼于还珠洞、雉山岩、风洞、清秀山等皆有题记或是诗文，记载了他在桂林与友人的游历活动。可见，他们在山水整治与游览中，不仅转换了自己的精神面貌，也为桂林的山水文化增添了精彩的一笔。

石刻既留下了米芾与程节二人赠答的诗文，也展现了米芾与李彦弼的书法风采。摩崖将米芾所书诗文与李彦弼书、程节诗合而为一。米芾书画自成一家，擅篆、隶、楷、行、草等书体，又长于临摹古人书法，米芾书此赠诗时已50岁，其书法造诣已趋于成熟。米芾所书赠诗，稳而不俗，用笔丰腴，体式婀娜，整体匀整，气贯神足。李彦弼与其子李昂霄皆喜效米芾书，从李彦弼所书答诗以及题刻在元风洞、清秀山等地的题记可见，其行书与米芾确有相似之处，用笔饱满流畅，整体稳重优美。米芾与李彦弼、程节及诸如李昂霄、黄邦彦、谭掞、孙览等亲人朋友都于山间留下了墨宝，成为广西书法与文化的重要建设者。

这一唱和，是文人雅士间的情感交流与记录，刻之于山石，既是个人情感的物化铭刻，也是文学艺术和人文精神的刊载与传播。

（蔡文静）

“桂林山水甲天下”的定格

——桂林独秀峰南宋摩崖王正功《鹿鸣宴劝驾诗》

说起王正功《鹿鸣宴劝驾诗》，许多读者都会摇摇头表示陌生，但提到“桂林山水甲天下”，你一定会会心一笑：太熟悉了！这一名句可以说是妇孺皆知，但文史研究者为考证其最早的出处，却颇费脑力。

正所谓“踏破铁鞋无觅处，得来全不费工夫”，文史工作者一次偶然的拓碑作业，破解了这一历史谜团。“桂林山水甲天下”，这一传扬四海的名句最早就出自南宋王正功的《鹿鸣宴劝驾诗》。这首诗作于嘉泰元年（1201），并刻在桂林独秀峰读书岩的崖壁上，石刻高约116厘米，宽约68厘米，正文字径约4.5厘米。

“桂林山水甲天下”最早出自何处，一直以来，学者们各抒己见、讨论热烈。有学者从唐代柳宗元那里找到了源头，理由是柳宗元在《訾家洲亭记》中指出：“今是亭之胜甲于天下。”从“天下”的观念看桂林的胜景，柳宗元应是第一人。有学者从南宋范成大那里找到了出处，理由是范成大在《桂海虞衡志》中旗

帜鲜明地指出："桂山之奇，宜为天下第一。"有学者从南宋李曾伯那里找到了依据，理由是李曾伯在《重建湘南楼记》中十分自信地认为："桂林山川甲天下，三百年间，无兵革之警。"也有人说，以上说法是人们认识桂林山水地位的过程，还不是一锤定音、掷地有声的"桂林山水甲天下"。于是，有论者从清代广西巡抚金武祥那里找到了直接的证明，理由是金武祥在《遍游桂林山岩》中直截了当地写道："桂林山水甲天下，绝妙漓江秋江图。"这总算可以尘埃落定了吧？但有人又提出了质疑，明代俞安期在《桂林岩洞杂咏》中提到"昔人谓桂林山水甲天下，非以岩洞胜乎"！值得注意的是，俞安期提及"桂林山水甲天下"时前面有三个字"昔人谓"，也就是说"桂林山水甲天下"不是明代的俞安期说的，他只是复述了前人说的话。由此可见，"桂林山水甲天下"应该出现在明代或明代之前，至明代已经是广为传颂了。到底是哪一篇文献最早一字不差地提出"桂林山水甲天下"？大家都苦苦地在故纸堆中寻找证据。

1983年的夏天，文博工作者杨寅生、胡武湘像往常一样在独秀峰清理、拓印碑刻，尽管"读书岩"三字右上方的石壁被一层碳酸钙覆盖着，但他们还是发现了若隐若现的字迹。当他们把覆盖在石壁上厚约一厘米的碳酸钙清理干净后，一块完整的摩崖石

桂林独秀峰南宋摩崖《鹿鸣宴劝驾诗》拓片（桂海碑林博物馆供图）

嘉泰改元桂林大比興計偕者十有一人九月十六日用故事行宴享之禮提點刑獄權府事四明王正功作是詩勸為之駕

百嶂千峰古桂州鄉來人物固難儔峩冠共應賢能詔策足誰非道藝流經濟才猷期遠到縱橫禮樂對前旒三君八俊俱鄉秀穩步天津最上頭

桂林山水甲天下玉碧羅青意可參士氣未饒軍氣振文場端似戰場酣九關虎豹看勍敵萬里鵾鵬佇劇談老眼摩挲頓增爽諸君端是斗之南

門生鄉貢進士張次良上石

刻终于露出了真容！其中“桂林山水甲天下”七个字格外引人注目，而题诗前的序文完整地提及了诗作的年代、事由与作者等信息。这是桂林文博史上一个重要的发现，由此，“桂林山水甲天下”最早见于南宋王正功所作《鹿鸣宴劝驾诗》成了共识。《鹿鸣宴劝驾诗》不算太长，大致为序言、七言律诗两首、上石者名字三部分内容。全文如下：

嘉泰改元，桂林大比，与计偕者十有一人。九月十六日，用故事行宴享之礼。提点刑狱权府事、四明王正功作是诗劝为之驾。

百嶂千峰古桂州，乡来人物固难俦。
峨冠共应贤能诏，策足谁非道艺流。
经济才猷期远器，纵横礼乐对前旒。
三君八俊俱乡秀，稳步天津最上头。

桂林山水甲天下，玉碧罗青意可参。
士气未饶军气振，文场端似战场酣。
九关虎豹看勍敌，万里鲲鹏伫剧谈。
老眼摩挲顿增爽，诸君端是斗之南。

门生乡贡进士张次良上石

通过序言，我们知道在嘉泰元年（1201）的乡试中，桂林有11人中举，当年九月十六日依照惯例举办宴会庆贺，时任广西提点刑狱兼静江知府的王正功以这两首诗勉励士子们，并为他们准备车马，鼓励他们赴京继续接受选拔。此后，其门生张次良便将诗作刻在独秀峰读书岩上方，以传之不朽。序文中“用故事行宴享之礼”指的是唐代以来科举制度中的一种宴会文化，即乡试放榜之后，地方长官设宴招待新科贡举者，宴会中有一个环节为歌《鹿鸣》之诗，故又称为“鹿鸣宴”。“劝驾”典故源于《汉书·高帝纪》:“其有意称明德者，必身劝，为之驾。”意为有才德的人，长官要亲自劝说其出来担当大任，并为之准备车马，以示朝廷礼贤下士，尊重人才。了解写作动因与背景后，我们就可以更好地理解这两首诗了。

第一首大意为：桂林百嶂千峰，美景极多，但是一直以来有名望的人物还是难以与这众多的自然美景匹敌，因此我对你们这些士子充满了期待。峨冠博带的士子们精神十足地应对着朝廷的考试，策马代步的士子没有哪一个不是道艺精进俊彦。你们经国济世、才华卓著、堪当大任，一定会在皇上亲自主持的殿试中左右逢源。你们都是桂州士子中的佼佼者，一定会稳居榜首，独占鳌头！第二首大意为：为桂林山水实为天下第一，唐代韩愈在诗中把桂林奇特的青山比喻为“碧玉簪”，把蜿蜒曲折的漓江比喻为“青罗带”，值得仔细玩味、欣赏。在文场中的士气不逊色于战场上战士们的斗志，文场的竞争也犹如战场一样酣畅淋漓。在天门九重犹如虎豹把关的殿试中，人人都是胜券在握，祝愿你们在这云路鹏程上对答如流、得心应手。看到你们人才济济，我揉揉老眼，顿觉明净清爽，你们都是南斗六星，闪耀夺目。由此可见，这两首诗的写作思路都是从桂林山水美景起兴，描写桂州士

子的才华横溢，并祝愿他们在更高一级的选拔中再接再厉、榜上有名！

王正功这两首诗从构思上来看都是劝驾诗十分寻常的写法，但超乎寻常的是对桂林胜景的精准提炼。第一首首句“百嶂千峰古桂州”，“百嶂千峰”从空间上写桂林山峰数量众多，“古”字从时间上写桂林景致历时久远，时空结合，韵味悠远！第二首首句“桂林山水甲天下”实为经典，大家都已经耳熟能详。为何这句诗成为赞誉桂林胜景的经典？大致可以从三方面把握：首先，以“天下”的大格局定位地方胜景，一大一小对比强烈；其次，强调了“山”与“水”的组合，要知道“山”与“水”的二重奏是桂林风景的精髓，这句诗把握了这一关键；最后，把“山水”与“桂林”组合，“山水”成了“桂林”这座城市最独特的符号。说到桂林，人们很自然地想到了山水，要紧的是说到山水，人们也很自然想到了桂林，而各地的山水只能无奈地称“小桂林”了！

王正功《鹿鸣宴劝驾诗》摩崖石刻被发现后，成了游客游览独秀峰的一大看点，不断有人从中探索更多碑刻背后的历史谜团。细心的读者一定发现了：碑额上的篆书缺失了一大半，到底碑额内容是什么呢？时光又给我们留下了一个问号，一位日本的学者关注到这个问题，并破解了碑额的内容。历史值得我们细细品味，让我们从广西石刻出发，一一破解这些历史谜团吧！

（马一博）

韩辞柳事诵千年

——柳州柳侯祠碑刻苏轼书《荔子碑》

苏轼书《荔子碑》是国家一级文物。碑高 230 厘米，宽 129 厘米，正文真书 149 字，分刻 10 行，字径约 10 厘米，跋文真书 232 字，分刻 5 行，字径约 2 厘米。《荔子碑》现立于柳州市中心的柳侯祠中殿，人们以其碑文首句“荔子丹兮蕉黄”名之，又因碑融苏（轼）书、韩（愈）辞、柳（宗元）事而享“三绝”美誉。作为书法作品，它章法合度布局合理，结体疏密相间，笔画朴拙内秀，展现出凝重雄强的整体效果，被明人王世贞誉为东坡“书中第一”。《荔子碑》拓本流传广泛，广西宾阳、湖南永州、湖北黄冈、四川眉山等多地均有翻刻。作为柳侯祠最为珍贵的文物，它还在向世人昭示，百姓对为当地做出卓越贡献的地方长官感戴怀念之情，可以融变为地方文化传统延续千年之久。

这里就不得不先提唐代《柳州罗池庙碑》。碑文系柳宗元部将谢宁受其余两位部将（魏忠、欧阳翼）所托，在长庆三年（823）春到京师请韩愈撰写，由沈传师书丹，同年夏刻石立于柳州罗池庙（柳侯祠的前身）。韩愈在碑文中褒扬了柳宗元在柳的德政，记述了柳宗元预言自己死期及死后为神的事。文末，韩愈谓："柳侯生能泽其民，死能惊动福祸之，以食其土，可谓灵也已。作迎享送神诗遗柳民，俾歌以祀焉。"沈传师是唐代书法家，字子言，吴县（今江苏苏州）人，贞元年间进士，历太子校书郎、翰林学士、中书舍人，出为湖南观察使，入拜尚书右丞、吏部侍郎。世传沈书唯此《柳州罗池庙碑》一件，故该碑之于唐代文学史、书法史均极为贵重，历来受到重视并给予极高评价。遗憾的是，沈书《柳州罗池庙碑》遗失已久。据专家考证，该碑至迟在明初或南宋时期就已经消失，幸有宋拓孤本流传，民国时由罗振玉带到日本，后成为三井听冰阁的珍藏。现立于柳州罗池旁的沈书《柳州罗池庙碑》，系柳州市博物馆在 2008 年 10 月据日本学者户崎哲彦先生 1∶1 考证复原图重新刻立。

从沈书《柳州罗池庙碑》消失的那天起，苏轼书《荔子碑》就开始替代它，成为柳侯祠最为珍贵的文物，成为柳侯祠的象征，成为追慕韩、柳、苏三位大家的文人竞相寻访的对象。大旅行家徐霞客于明崇祯十年（1637）曾游历柳州，在他的游记当中有"又西过唐二贤祠觅拓碑者家，市所拓苏子瞻书韩辞二纸"。当中徐霞客专程找拓碑者要买的"苏子瞻书韩辞"，指的就这通碑刻。

《荔子碑》的碑文内容实为唐代韩愈《柳州罗池庙碑》末段的《迎享送神诗》，是人们祭祀柳宗元时诵唱的歌词。其辞曰：

荔子丹兮蕉黄，杂肴兮进侯之堂。侯之船兮两旗，渡中流兮风汩之。待侯不来兮不知我悲，侯乘白驹兮入庙，慰我民兮不嚬兮以笑。鹅之山兮柳之水，桂树团团兮白石齿齿。侯朝出游兮莫来归，春与猿吟兮秋与鹤飞。北方之人兮谓侯是非。千秋万岁兮侯无我违。愿侯福我兮寿我，驱疠鬼兮山之左。下无苦湿兮高无乾，秔稌充羡兮，蛇蛟结蟠。我民报事兮无怠其始，自今兮钦于世世。

行文类《楚辞·九歌》体式，多用“兮字”，富有韵律。相较韩愈原文，苏轼所书《迎享送神诗》文字略有出入，如“杂肴兮进侯之堂”，在韩辞当中作“杂肴蔬兮进侯堂”，还有“春与猿吟兮秋与鹤飞”，在韩辞中为“春与猿吟兮秋鹤与飞”。但无论韩辞或是苏书的版本，并不有碍于作品的吟诵效果展现。文字内容现实与虚拟相结合。荔枝、芭蕉这类南国的代表性水果，作为祭品准备的环节出现在篇首；鹅山、柳水，柳宗元在《柳州山水近治可游者记》中有过动情的描写，作者结合想象出“罗池神”依旧徘徊徜徉于柳州山水之间“春与猿吟兮秋与鹤飞”的情状；“北方之人兮谓侯是非”（韩辞中作“北方之人兮为侯是非”），表达出对柳宗元仕途遭遇的深切同情。

回归到碑文最初的功能“俾歌以祀”，它为古代柳侯祠的祭柳仪程考证提供了主线。直到宋徽宗时柳宗元才被追封为文惠侯，对官方而言，之前祭柳的活动一直处于一种“淫祀”（不合礼制的祭祀）的状态，在地方官员的默许下进行。也许当时祭柳并不比祭祀其他官方认定的先贤那样仪程繁复，但也具备了迎神、献

羅池廟碑

柳州羅池廟碑

日本学者户崎哲彦据宋拓复原《罗池庙碑》全图（柳州市博物馆供图）

柳州柳侯祠《荔子碑》拓片（柳州市博物馆供图）

祭、送神三个核心内容。献祭的环节大家不难理解，摆好蔬果供品，参祭人等吟唱韩愈撰写的《迎享送神诗》，跪拜、祭酒、奠帛等。迎神和送神的环节，就须得心里至真至诚地发挥想象了，按古礼祭祀，柳侯祠庙门打开，仪仗出到门外将神主迎请入庙，享用过众人准备的祭品，听过主祭官读祝（告祭文）后再由仪仗送出。神主，很多时候可能是牌位，也可以是空无一物的。《论语·八佾》有“祭如在，祭神如神在”，发展到后面就是俗话说的“敬神如神在”。在祭柳的过程中，参祭人等是对柳侯心存敬畏的，每环节都须得如柳侯亲临一般慎重对待。碑文中“侯之船兮两旗，渡中流兮风泪之。待侯不来兮不知我悲，侯乘白驹兮入庙，慰我民兮不嚬兮以笑”就着重描述了“迎神”环节，使柳侯的形象在参祭人的脑海中具体起来。

如今立于柳侯祠的苏轼书《荔子碑》，有“三绝”的美誉，因碑曾被毁断为三截，所以又有“三截”的诨号，足见其经历坎坷。《荔子碑》的刻立时间，经考证在南宋嘉定十三年庚辰重阳（1220年10月5日）。苏轼生活在北宋时期，而作品上石却隔了百年之久，这与当时的“元祐党祸”相关。神宗年间，支持王安石推行变法的“新党”与司马光为首的“旧党”两股政治势力相互斗争，统治者则根据自身的政治利益玩着权力的游戏，对两股势力时而扶持时而打压。徽宗即位后与蔡京等近臣以恢复新法为名，对司马光为首的所谓“元祐党人”进行残酷打击，已经作古的苏轼也名列《元祐党籍碑》上。宋人吴曾《能改斋漫录》中载：“崇宁二年有旨，应天下碑碣榜额，系东坡书撰者，并一例除毁。”宣和六年（1124），也曾重申除毁苏轼诸人文集的禁令。这种情形一直持续到乾道年间，孝宗下诏解禁，求东坡遗迹归之秘府，并亲为序赞，东坡书法乃得以重现流传。根据对《荔子碑》跋语的比照研究，我们得知《荔子碑》之所以能够时隔百年在柳州面世，与两位人物相关，一位是与苏轼同为四川人的安丙，另一位是安丙的门生关庚。

安丙（1148—1221），字子文，南宋广安军甘溪场（今四川华蓥市永兴镇）人，孝宗淳熙年间进士，宁宗开禧、嘉定间镇治巴蜀十年之久。其平叛戡乱之功、镇蜀治巴之效，受到朝廷奖拔，官至同知枢密院事，有“帅相”美名，受四川士庶爱戴，生祠“遍蜀中”。嘉定十四年（1221），安丙病卒军中，朝廷追封“鲁国公”，诏建祠，彰其功德。《宋史》立传。嘉定七年（1214），安丙奉除任观文殿大学士、湖南安抚使、知潭州（今湖南长沙市）。在多次“上章乞奉祠”（朝廷安置年老大臣，以示优礼的闲散之职）后，嘉定十年（1217）三月二十三日除崇信军节度使、开府仪同三司、充万寿观使，返归四川。返乡之前，适逢门生关庚赴柳州军事权佥判（权，暂代；佥判，佐理州府事物之职）任时取道长沙拜谒恩师安丙。安公将珍藏的“坡仙大书《韩昌黎享神诗》”托交关庚，嘱其刻石柳州罗池庙。

关庚，天台（今浙江台州天台县）人，接受安丙的托嘱之后，旋即被派往柳城、宾州任职，嘉定十三年（1220）才得以择重阳吉日撰写跋文立石。书丹的工作由朝奉侍郎权知柳州军州事借紫永兴桂如篪，命迪功郎柳州学教授豫章廖之正完成。跋语中回忆

长沙拜谒恩师时，感怀韩、柳、苏三位先贤际遇的谈话内容，对恩师的情感溢于字里行间。当中“韩之文得苏而益妙，苏之书待先生而后传”十数字，给予了书法作品极高的评价，并对恩师将珍藏苏书动念刻石传世表示感佩。

一件文物留存不易。事实说明，除了像安丙、关庚这些人物的悉心之举，更离不开百姓们对先贤高德的崇尚。宋之后经元末之乱，在明代初期，《荔子碑》曾被毁坏用于筑城，然“城辄崩，因取还，与原碑合”，类似相关的神异之说还有很多，宣示了柳州百姓的一种情感：碑为神物，不可轻慢。碑，在百姓们心中，就是柳侯。《荔子碑》的神异之说，实际上是柳侯传说的延续。清乾隆年间，柳州知府刘祖曾就重刻一石，同款原式，也立于柳侯祠内，用“备份”方式，作为保护宋碑的一种手段。“文革”期间，《荔子碑》因有心人用灰浆掩盖而免再遭毁伤。

柳州百姓对柳侯的祭祀活动，自唐代起就未尝中断。现在每年清明，柳州各界仍会自发组织在柳侯祠进行祭祀活动。柳州百姓们对柳宗元的情感，早已成为柳州文化不可分割的一部分，代代传承至今。丹荔黄蕉，杂肴时蔬，鹅山柳水长在，享神之歌不绝。正应了《荔子碑》末尾的词句：“我民报事兮无怠其始，自今兮钦于世世。”

（陈俊）

遗落在边城的诗思

——钦州灵山摩崖陶弼《题三海岩》

世人都听闻过“花果山水帘洞”，而广西灵山县有一处幽奇的岩洞可以与之相媲美，那就是三海岩。

三海岩位于今灵山中学内，在学校图书馆的后面。穿过图书馆，大有别有洞天的感慨！首先映入眼帘的是如同侍卫般的两棵苍翠古松，周边绿荫环绕、藤蔓掩映。洞口开阔，足有两三人高。洞内非常宽敞，可容纳上千人。里面的岩石造型奇特：有一处岩顶中空，仰望好似一弯新月；有一处高高隆起，好像一只大乌龟；还有各种悬挂的钟乳石，姿态各异。此洞前后贯通，洞外飞花阵阵，洞内凉风习习，还有山泉滴沥，置身其中，仿佛进入仙境。

更可称奇的是洞内的岩壁上，遍布摩崖石刻，俨然是灵山文化史的一处天然展览馆。三海岩的摩崖石刻多达 160 多方，时间跨度从宋代到民国，其中不乏名家的诗赋题记，具有较高的文献、历史、文学、艺术价值。

那么这么幽奇别致的三海岩是谁发现命名的呢？洞口，一幅

巨大的题记石刻向我们揭晓了答案。这幅题记保存完整，行书 20 行，长 240 厘米，宽 110 厘米，书法恢宏大气，刻工精当。

宋代诗人陶弼（1015—1078），当时担任钦州知州，在休假还乡的途中经过此山，发现了三海岩这一胜处，并为之命名。陶弼，字商翁，湖南永州祁阳人，《宋史》有传。他的远祖是陶渊明，五代祖陶矩因避乱而迁家至湖南祁阳，父为北宋文学家、历史学家陶岳。庆历中，陶弼平乱有功，担任阳朔主簿，其后二十余年，在广西多地做知州。他屡次建立军功，同时工于诗文，与当时诸多名流有所交往唱和，为士大夫所称道。逝后时人李时亮、黄庭坚、刘挚为其撰墓志铭，沈辽为其作传。其著作今存《邕州小集》一卷，另有集外诗散存于各典籍，存诗近两百首。陶弼《题三海岩》诗曰：

灵邑西南古洞天，我来方信海为田。
无名不入州图载，有路空闻野老传。
此日登山人采蚌，当时饮马客留钱。
颜公昔记麻姑说，三变桑田事果然。

宋王象之《舆地纪胜》卷一百十九载：“三海岩：在灵山县西二里，一钱岩、一月岩、一龟岩，治平二年陶弼始访得之，总名曰三海岩。”明林希元《嘉靖钦州志》卷一载：“三海岩，在石六峰之下，其岩纯石而内虚，高广如堂室。其顶石乳森森，下垂如滴，文如缨络之状。一曰龟岩，一曰月岩，一曰钱岩。宋州守陶商翁过此，见螺蚌之异，疑古沧海之变，故名。赋诗以纪其胜，自后文人相继有作。”

以上文献与洞口的石刻互为应照，详细记录了陶弼开创三海岩的全过程。陶弼当时在钦州做官，治所在灵山县六峰山下。有一年夏天返乡，经过此地，看到此山幽奇别致，于是命下属清除

钦州灵山三海岩摩崖《题三海岩》（位于今灵山中学内）

蓁莽开道，发现了此洞，洞中有三处奇特的岩石，陶弼根据其形状特点命名为月岩、龟岩、钱岩。又因山石中有“盘石”遍布螺蚌，陶弼怀疑上古之时这里是海洋。晋葛洪《神仙传》中有“麻姑自说云：接待以来，已见东海三为桑田”的记载，感慨世间“三为沧海，三为桑田”的巨大变迁，故而陶弼为之命名三海岩，同时题诗作序。诗歌想象山海巨变的情形颇为夸张有趣，“此日登山人采蚌，当时饮马客留钱”，认为自己现在登山所见的蚌壳，大概是海陆尚未变迁时行客的钱币。“沧海桑田”已然为当今科学所证明，然在千年前，陶弼就已经意识到自然界巨大的变迁，并欣然赋诗命名，难能可贵。

广西具有典型的岩溶地貌，其秀丽的山水、浓郁的地方风情一直散发着迷人的气息。异乡的文人迁客至于此地，多有感慨而兴寄成篇。清代汪森曾言：“广西僻在遐陬，声明文物之盛，虽逊于中土，若林壑岩洞之奇特，则夙称山水区者，亦莫或过之。自汉唐以来，名流迁客，身历其地，登临凭眺，往往发为篇章，以纪其胜。而又置亭构馆，以增美丽之观。镌题名氏，遍诸岩壁，使后之人有所考焉。”所以陶弼之后，世人多有游赏三海岩，并题名留诗，使得三海岩成为自然美与人文美兼具的一处胜景！明代刑部尚书林云同题诗盛赞：“遥瞻屏列绣，转接髻梳云。境占东南绝，神开天地文。”清代周恂题记称三海岩让其有观止之叹，“深邃清幽，别有天地，惟三海岩称最”。

三海岩风光幽奇，其自然之美在于人能感知，自然之景不足以传不朽，人乃可以传不朽。故而一方山石死体，经由陶弼开辟

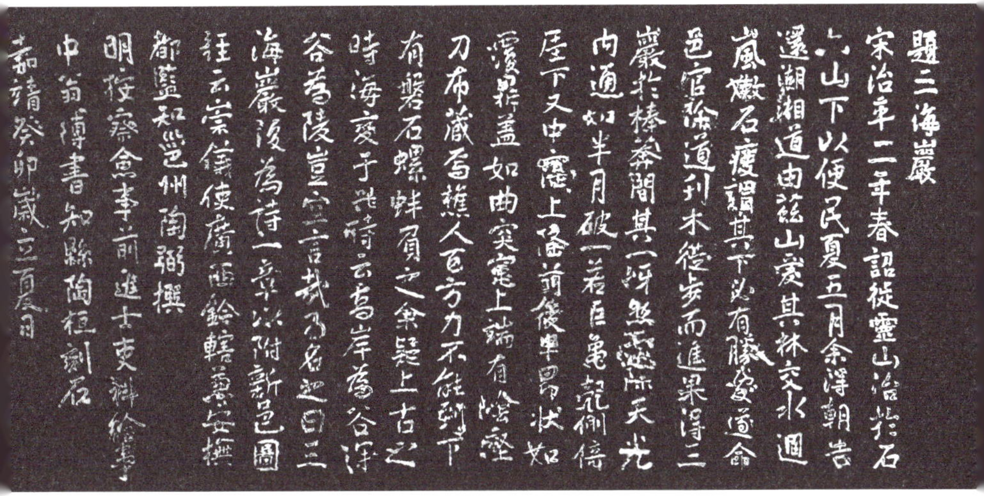

钦州灵山摩崖《题三海岩》拓片

命名，便活化为鲜活有情的人文景观了，于是得以扬名后世。正如其《三海岩》诗所言："无名不入州图载，有路空闻野老传。"自然景观只有经人文开辟后，才会进入文献记载并广为人知。自陶弼为此胜景命名后，三海岩便被记入后世的地方志中。后人也多有游赏题诗，此处成为文人骚客欣赏美景、兴寄题诗的佳处。

（刘瑞）

从安南到中原的燕行使

——全州清代湘山寺安南使臣黄仲政题诗摩崖

安南使臣黄仲政湘山寺题诗摩崖，位于广西北部全州县境内的湘山，题刻于清乾隆四十八年（1783），至今保存完好。

湘山寺，位于全州县城边的湘山脚下，创建于唐代至德元载（756），宋代五次得到皇帝敕封。徽宗建中靖国元年（1101）湘山佛被敕封为“寂照大师”，现在仍然保存的宝塔于南宋高宗绍兴五年（1135）题额“妙明塔”。湘山寺历史悠久，闻名全国，名刹所依之湘山遍布历代摩崖石刻。历代也有很多题诗词留存名刹湘山寺周围的山石上。

安南使臣黄仲政题诗就位于湘山寺妙明塔的旁边。题刻高 81 厘米，宽 61 厘米，内容如下：

乾隆癸卯冬

咸通而后发云雷，日月乾坤自阖开。

已解空门还太始，尚留卓后傍飞来。

昙花春朗湘山岭，贝叶秋澄楚水隈。

劫火久灰真性在，传灯照处是天台。

安南国朝贺使湛轩黄仲政题

从诗中可以看到，这是乾隆四十八年（1783）冬天安南国朝贺使黄仲政游湘山寺礼佛时所留。《清史稿》记载："四十九年，帝南巡，安南陪臣黄仲政、黎有容、阮堂等迎觐南城外。"乾隆皇帝南巡时在江宁南城外接受了黄仲政等安南使臣呈送的表文及贡品。乾隆皇帝回赠了大量礼物，还特别赐给安南国王"南交屏翰"匾额。

诗中开篇"咸通而后"，是指湘山寺的开山祖师全真法师建寺后的事。湘山寺原名净土院，唐代至德元载，全真法师在此证道，又称无量寿佛道场。开演"大乘"教义，净土院逐渐兴盛，发展成为"楚南第一寺"。咸通八年（867）二月初八，全真法师132岁，说罢偈语"秋去叶须落，春来花自开"后无疾而终。圆寂之后，众徒建龛收藏遗体，于乾符二年（875）建成佛塔，将其遗体及《遗教经》移藏塔内。绍兴五年（1135），宋高宗赵构给佛塔赐名"妙明塔"。

"已解空门还太始"讲述的是全真被焚典故（见后）。

妙明塔旁边有一巨石，传说是天外飞来而名为"飞来石"，妙明塔与这飞来石相依为伴，诗说"傍飞来"。安南使臣黄仲政的题诗，与历代众多摩崖石刻一起，如同衣装布满在这奇特的"飞来石"上。

“湘山岭”“楚水隈”说的是湘山寺的地理位置，即湘山寺建在湘山岭脚下，并有楚水（湘江）相依偎。全州湘山，在湘江岸边，古代有码头，登岸后石板路一直铺到湘山寺。“昙花”，则是一个宋代流传下来的故事，说的是北宋哲宗七年（1092）众人捐款修缮妙明塔，元符三年（1100），塔基下长出奇花异草，犹如锦绣。而“贝叶”指古代一种写在贝叶上的佛经，即“贝叶经”。“劫火久灰真性在”，说的是明代万历十四年（1586）二月初八，刚好是全真法师圆寂719周年之夜，妙明塔内突然起火，寿佛真身被焚，只剩齿骨。尸存700余年，为世间罕见，更为奇怪的是佛塔仍然耸立无损。蕲州太守李同春路过此地，有感寿佛灵验，从海南购来香料，捐金重塑真身，将火化后所存齿骨纳入塑像，法师再获重生。

从题诗的内容可以看出，安南使臣黄仲政对湘山寺周边的地理环境、历史上的佛教文化、全真法师相关的事迹等，均有深入的了解。他除了安南国使臣的身份，还是一位“文化使者”。

从湖南沿湘江经全州，过兴安，到桂林，是著名的湘桂走廊，自古以来就是中原与岭南交通之要道，是中国与东南亚海上丝绸之路的重要枢纽，也是安南到中原的必经之地。在这通道之中，有一条开凿于秦代的人工运河——灵渠，将长江水系与珠江水系

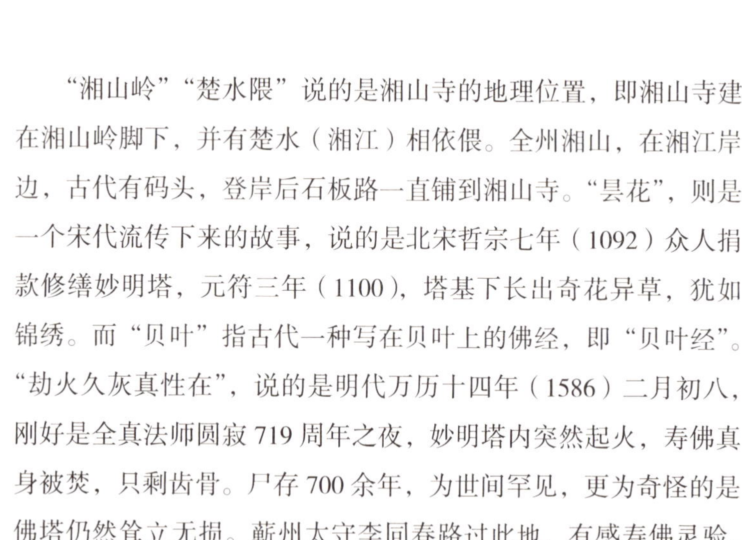

全州清代湘山寺安南使臣黄仲政题诗摩崖拓片

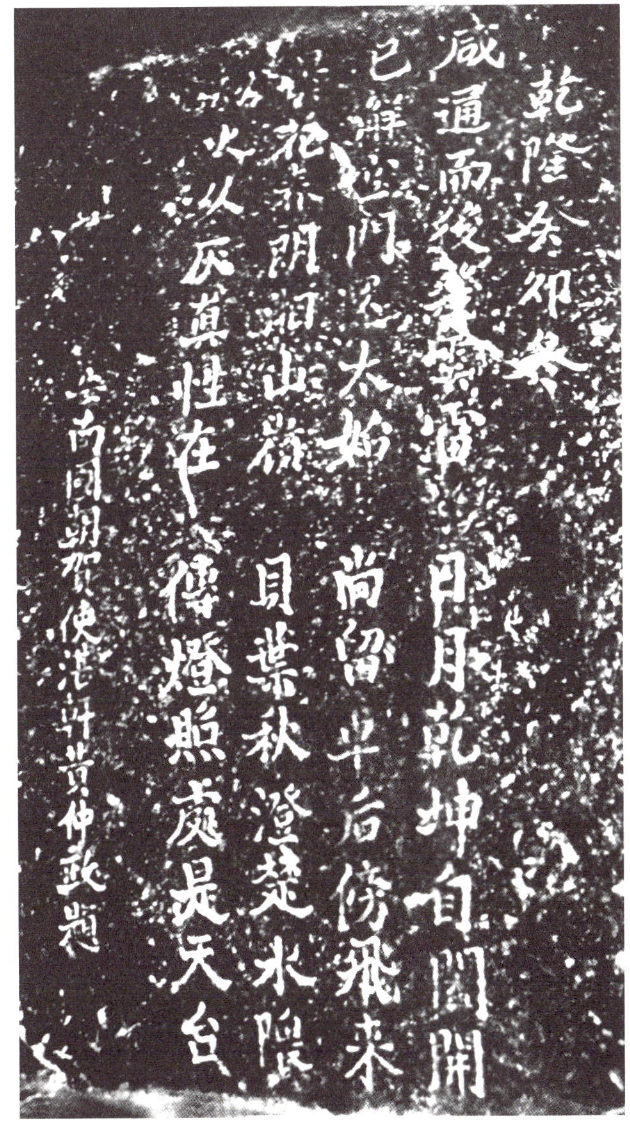

相连接，也是海上丝绸之路与中原的重要纽带。

海上丝绸之路是古代海道交通大动脉，秦代史书上就有关于海外与中原联系的记载。《淮南子·人间训》记载，秦始皇“又利越之犀角、象齿、翡翠、珠玑”。汉代，海上丝绸之路有了较大的发展。1983年，灵渠岸边石马坪汉墓群的抢救性发掘，出土了大量的汉代器物，其中有一件陶胡人俑。胡人俑的出土说明当时与海外的交流经过水路已经联系到贡道节点上的灵渠，灵渠也成为汉代海外文化传入中原的路途之一。

唐代以后，湘桂走廊作为海上丝绸之路的重要通道更加明显，安南朝贡的次数也在增多。宋代至和二年（1055），王诩等四人奉大宋朝廷之命护送安南贡使返回，在广西阳朔县的红岩留下了摩崖石刻。明清时期，安南国使节数十次赴京，基本上走的就是这条道，并且留下了大量的文献，有的还雕刻于石上。

安南国即今越南，秦始皇时统一岭南，属象郡。秦汉之交，赵佗在岭南建立半独立状态的南越国，该地属南越国管辖。唐高宗凤仪四年（679）设安南都护府，始称安南。南宋初年开始承认安南为一国，与之建立宗藩关系。清仁宗嘉庆七年（1802），阮福映统一越南，欲取国号“南越”。因为赵佗所建的南越国还包括了广东、广西的大部分地区，取国号“南越”容易引起混乱，于是清廷令其改名为“越南”，册封阮福映为“越南国王”，从此便称为越南。

安南国作为属国，有向朝廷请封、谢恩、进贺、奏事，还有不定期的告哀、请祭等事务，奉命出使的请封使、谢恩使、朝贺使，都要按照中国朝廷的贡期、固定的贡道前往。刚开始时有三条道路可进中国：一条是云南陆道，多为运兵之用；一条是海道，运兵与通商兼用；广西通道则运兵、通商及进贡之用兼而有之。

作为贡道，中国朝廷是有严格规定的。“安南贡道，故由广西。”（《明史》）“贡使往来，悉从正道，直达京师。”（《清实录》）明洪武二十七年（1394），安南国使臣由海路直广东入贡，明太祖大怒，拒绝接受入贡。正统元年（1436），安南国使臣拟从云南入贡，朝廷也以“安南贡道故由广西”和“云南非贡道”为由，予以严责。由于贡道的确定，湘桂走廊成了安南使臣的必经之地。全州作为湘桂走廊的节点，便留下了安南进贺使黄仲政所题的摩崖石刻。

这条贡道更是文化传播之路。湘桂走廊，是海上丝绸之路海外与中原的重要节点，在文化的交流、科技的传播等方面起到了重要的作用。如唐代的桂州刺史鱼孟威在他的《桂州重修灵渠记》中就讲到湘桂走廊中的灵渠，不仅是“导三江、贯五岭，济师徒、引馈运”，通过灵渠完成运输，而且通过灵渠传播中原的先进文化，在岭南地区起到了移风易俗、推行礼治、教化百姓的作用。传播文化、教化思想同样是实实在在的大事。在这个过程中，历代从中原到越南任职的官员走的都是这条路。唐代设置安南都护府后，安南都护府的官员一般都是由中原派往。一些朝廷贬谪人员也常被流放到安南。安南的使臣，大都是高官和饱学之士，他们见多识广、精通汉文，有较高的汉学修养，对贡道沿途的山川、民俗、文物古迹均有所了解，并对先进的文化有详细的记载，带

回安南。如清光绪二年（1876）越南使臣潘辉注出使中国时，把他的所见所闻撰写成书《辅轩丛笔》，其中记载灵渠两岸“多作水漕，置翻车运水以注田，又以山石烧火，撒在田间，可倍收谷粟”。这种利用水为动力带动水车灌溉田亩，将山石烧成灰后撒在水田中，可以让谷粟成倍增收的科学方法，无疑会传播到越南等东南亚国家。因为这些文人墨客、达官贵人长期往来于贡道，安南国对沿途的情况可谓了如指掌，就连国王也略知一二。如安南国使臣经过灵渠时，“奉国王命”，前往祭拜分水祠的“分水大龙王尊神”。使节往来于贡道，用不同的表现方式记录了沿途的情况，其中以诗词和日记居多，内容涵盖天文、地理、历史、名胜、民俗、宗教、城郭、建筑、交通、农耕、市井、特产、节庆、礼仪等诸多方面，为促进文化交流做出了贡献。

（陈兴华）

后　记

自领受了编写《广西石刻》的任务后，我先拟好了目录，然后筛选广西各地的重要石刻，虽然已经尽量考虑地域的平衡，但编委会审核后认为，还是桂林的石刻居多——这是客观的历史事实。整体考虑后，我们不再做简单的数量平衡，而是采取按内容主题来分类的方式，每个地方尽可能收录有代表性的石刻。

广西石刻众多，除了考虑地域分布平衡，还要照顾可读性，只能选择一些重要的和有故事的来写。但见仁见智，挂一漏万，在所难免。另外，我们的作者人数较多，按照体例，封面不可能将全部列出，因此在每篇文章后列出该篇作者。具体如下：

《最早的石刻养生方》《独秀峰的由来》《舜帝是否到过桂林猜想》《千年前的书法家石刻画像》《封疆大吏上山过生日》《无缘识得真仙》《桂林“升仙”第一人》《七星岩的别名由来》《叠彩山风景的发现》九篇由王正刚撰写。

《从柳宗元游迹衍生的柳州山水之旅》《双山之间梵音千年》《残存的“桃源”印象》《高山仰止，景行行止》《寻访文庙遗踪》《韩辞柳事诵千年》六篇由陈俊撰写。

《明代两广经略与对外交通》《一座城与一口井的结缘》《先贤崇祀与清初教化》三篇由陈宇思撰写。

《宋末抗元的往事》《逝去的烽烟》《“桂林山水甲天下”的定格》三篇由马一博撰写。

《被忽略的灵渠“陡军”》《从安南到中原的燕行使》由陈兴华撰写。

《元祐党争的见证》《青年米芾伏波山游踪》由江朝辉撰写。

《唐人的唱和与雅兴》《诗人与书法家的唱和》由蔡文静撰写。

《王守仁的怀柔方略》《王守仁的文化谋略》由何婵娟撰写。

《唐朝宰相钟绍京的身世之谜》由韦臻撰写。

《遗留在粤西的唐代中原文风》由莫道才撰写。

《岩泉孕灵秀，云烟纷崖壁》由侯永慧撰写。

《遗落在边城的诗思》由刘瑞撰写。

《儒学在边地的传播》由郑培分撰写。

衷心感谢各位作者的辛勤付出！

石刻的实物照片和拓片图片除了作者搜集，很多文博单位，如广西壮族自治区博物馆、桂海碑林博物馆、柳州市博物馆、南宁市博物馆、横州市博物馆、贺州学院民族博物馆、梧州学院西江流域民间文献研究中心、宜州文物管理所、平果市博物馆等，也提供了大力支持和帮助，在此特别表示感谢！

莫道才

2021 年 6 月